Imigrace českých Němců

Přesun populace ze západních Čech do okresu Calumet County ve státě Wisconsin

Joan Naomi Steiner, PhD

Z angličtiny přeložila Tereza Janáčková

SCENERY HEIGHTS
Publishing

Neenah, Wisconsin (USA)

Imigrace českých Němců
Přesun populace ze západních Čech do okresu Calumet County ve státě Wisconsin

Foto vpředu na přebalu knihy: Horní fotografie zachycuje prapradědečka autorky této knihy Adalberta Steinera (fotoarchiv rodiny Steinerových); Na spodní fotografii jsou vyobrazeny (zleva) fara s kostelem St. Charles a škola v okrese Calumet County ve státě Wisconsin, 1908 (Sbírka pohledů v soukromém vlastnictví Herba Buhla ve městě Chilton ve státě Wisconsin.)

Foto vzadu na přebalu knihy: Letecký pohled na kostel St. Charles Church ve městě Charlesburg v okrese Calumet County státu Wisconsin, před rokem 1950 (sbírka fotografií v soukromém vlastnictví Herba Buhla ve městě Chilton ve státě Wisconsin.)

ISBN: 979-8-9865709-2-1

Scenery Heights Publications
Neenah, Wisconsin (USA)

Věnování

Věnováno mé vnučce, Madeline,

která dává snům podobu

Předmluva

S revolučním rokem 1848 se svět změnil. Lidé se dali do pohybu, byl to čas nových nadějí. Emigrační vlna se vzedmula také na Tepelsku a Mariánskolázeňsku. Rozhodnutí vycestovat za „velkou louži", do země neomezených možností, byla známkou ohromné odvahy. Z přístavu v Brémách trvala dobrodružná cesta lodí do New Yorku i šest týdnů.

Po roce 1850 se takto do oblasti Calumet County ve Wisconsinu přistěhovalo více než 570 německy hovořících imigrantů. V roce 1868 se lokální Chiltonské noviny věnovaly příběhům těchto hluboce věřících a neskutečně pracovitých lidí, kteří ve vší skromnosti vážili dlouhou cestu po moři ze středu Evropy a začali budovat novou existenci na „zelené louce". Postavili kostel, který byl zasvěcen sv. Karlu Boromejskému, faru, školu, domy i stodoly, také kus lesa musel poodstoupit. Takto vznikl Charlesburg.

Místní historikové a badatelé rodových příběhů se léta zamýšleli nad tím, odkud se tyto německy hovořící rodiny ve Wisconsinu a dalších oblastech USA vzaly, co je k tomu odvážnému kroku přimělo.

O původ své rodiny se začala zajímat také autorka této nesmírně poutavé knihy, Dr. Joan Naomi Steiner. Joan vyrůstala s rodiči na farmě svého dědečka. Zemřel, když byla v období dospívání. O minulosti se však doma moc nemluvilo. Někdy v 90. letech se jí dostala do ruky kniha „Potomci Adalberta Steinera a Anny Guentner 1815-1886" - byli to prarodiče tatínka. Všechny otištěné doklady svědčily o narození prapradědečka v Německu. V roce 2016 Joan absolvovala genealogický kurz jedné britské společnosti s úmyslem probádat kořeny německého rodu Steinerů, a pak se pustit do zkoumání rodové historie maminky britského původu. Joan, která vyrůstala na farmě rodiny Steinerů v pevném přesvědčení, že jsou po tatínkově linii německého původu, se na genealogickém semináři v Salt Lake City poprvé dověděla, že musí začít hledat jinde. Ke svému překvapení totiž zjistila, že rodina pochází z pohraniční oblasti západních Čech, z Vysočan, které kdysi patřily do farnosti Ovesných Kladrub.

Joan se s velkým nasazením pustila do náročného a důkladného pátrání plného nenadálých překvapení. Sametová revoluce v tehdejším Československu, možnost hledání i v českých archivech a internet otevřely nové možnosti bádání, to ale nestačilo. Joan tomu věnovala mnoho času, financí a podnikla řadu cest z Wisconsinu do České republiky, hlavně na Tepelsko a Mariánskolázeňsko. Bádání ji však zavedlo také do Německa, např. do Bad Kissingenu. Její články na toto téma se setkaly s velkým ohlasem. Vysoce oceněna byla také za svou úspěšnou výstavu zahájenou 16. srpna 2022 v Americkém centru při Velvyslanectví USA v Praze pod názvem „Přenos identity napříč generacemi". Slavnostního zahájení se kromě význačných osobností zúčastnili také potomci několika rodin vystěhovalců do Calumet County a mnoho návštěvníků z Německa, Čech i ze Spojených států.

Cítí se dnes potomci dávných přistěhovalců více jako Čechoameričané? Nebo jako Čeští Němci, jak se jejich předkům kdysi říkalo? Jak to vidí dnes?

Vidíme, že s důkladným průzkumem vyvstávají další a další otázky. Nečekejte tedy v knize suché genealogické postupy, kniha je ohromně poutavá a čte se jedním dechem.

Autorka knihy, paní Dr. Joan Naomi Steiner pomohla poodhalit četnému potomstvu imigrantů do Calumet County, krásné části země v blízkosti jezer Michigan a Winnebago, jejich rodovou historii. Díky svému úžasnému úsilí a přístupu objevila spoustu nových důkazů a informací, kterými obohatila také mnoho dalších lidí.

Především se jí však podařilo propojit spolu spoustu rodin a zájemců o tuto problematiku v různých částech Ameriky a Evropy. Zároveň dokázala tato velice vnímavá a neobyčejně milá dáma s hlubokými znalostmi, ohromným nadhledem a citlivou duší, při svém pátrání nadchnout pro své rešerže spoustu dalších nejen soukromých badatelů, milovníků historie a zájemců o dění a o život, jak u nás, tak i ve světě.

Dr. Joan Naomi Steiner v nás zanechala nesmazatelné stopy a radostné nadšení, přiměla nás k zamyšlení nad neviditelnými pouty a pocity sounáležitosti. Jsme přece jedna velká lidská rodina, nemáme ještě někde někoho, o kom jsme dosud nevěděli? Možná ano.

Užijte si četbu této knihy a nechte se jí inspirovat. Opravdu stojí za to.

Věra Miková
manažer, Infocentrum a kultura, město Teplá
a obyvatelka Mariánských Lázní

Obsah

Část I
Výzkum

Toto je pomník na hřbitově St. Charles Cemetery (v okrese Calumet County, ve Wisconsinu), který připomíná místo posledního odpočinku Adalberta Steinera, prapradědečka autorky této knihy, kvůli kterému tento výzkum spatřil světlo světa. (Fotografie použita ze sbírky Herba Buhla s laskavým svolením)

Úvod

Od 60. let 19. století se do města Brothertown v okrese Calumet country ve státě Wisconsin přistěhovaly stovky českých Němců. V mnoha ohledech tato kniha vypráví jejich doposud nevyřčený příběh.

Historický kontext

Chilton je sídlem samosprávy okresu Calumet County již od roku 1853.[1] Po roce 1860 to bývala pouhá vesnice. Jediným sdělovacím prostředkem byl v této době místní týdeník, The Chilton Times, který byl založen roku 1857.[2] Tento časopis informoval o místních událostech, politice a životě zdejších občanů. Historická vydání *The Chilton Times* jsou obrázky, které nám umožňují nahlédnout do života místních po více než 160 let.

---

[1] *Calumet County, Wisconsin Genealogy & History* (http://freepages.genealogy. rootsweb.com/~sheboygan/_ : navštíveno 10. března 2022, "Chilton."
[2] *Calumet County, Wisconsin Genealogy & History,* "Chilton."

Začínáme článkem, který v *The Chilton Times* vyšel v roce 1868. Starousedlíci zaznamenali německy hovořící obyvatele, kteří staví kostel St. Charles (svatého Karla) v místě, kde později vznikne vesnice Charlesburg. Díky novinovému článku máme možnost nahlédnout do rozvíjejícího se sousedství z pohledu místních starousedlíků.

The Chilton Times, 25. července, 1868, na titulní straně

Katolická kongregace kostela St. Charles – Nevešlo zatím v obecnou známost čtenářů našich, že 4 až 5 mil jižně od naší vísky nachází se osada čítající 72 rodin bystrých, čiperných a podnikavých Němců, kteří mají velké paseky, dobře postavené domy a stodoly a daří se jim stejně dobře jako ostatním skupinám obyvatel v tomto státě. Jejich kongregaci založil v roce 1866 velebný pán otec Shroudenback z této vesnice a Jacob Burg věnoval úřední listinou deset akrů půdy na stavbu kostela. Na těchto deseti akrech byl vztyčen nádherný roubený domek pro kněze a roubená škola, obě budovy o dvou patrech. K celebrování mší se nyní používá škola, ale v brzké době zamýšlejí tito podnikaví občané vystavět kamenný kostel, vzhledem k dostupnosti nedalekých vápencových říms.

Zakoupili zvon, který i se zavěšením váží 1500 liber[3] a krásnou, nádherně svázanou mešní knihu, s pozlacenými rohy, která je plna ocelorytů, mešní kalich, kalich pro

---

[3] *pozn. překl. což je circa 640 kilogramů*

svaté přijímání, relikviář či monstranci s kadidelnicí a vykuřovací miskou, honosný stříbrem vyšívaný humerál z hedvábného atlasu, překrásnou sochu požehnané Panny Marie držící Ježíška v náručí, sochu svatého Josefa – obě přes čtyři stopy vysoké, mimořádný měděný kříž, 2 oltářní vyřezávané dřevěné kříže oltářní roucha atd.

Po určitou dobu sloužil v jejich farnosti velebný pán otec Pacificus z Marytown, nicméně v současné době jsou pod pastorační správou místního velebného pána otce Shroudenbacka, ale vbrzku se těší, že budou míti pastora vlastního, a to, jakmile se diecése ujme jeho excelence biskup Melcher. Když zvážíme vše výše uvedené, jsou nejčinnější náboženskou kongregací v okrese a z jejich zanícení pro víru, jíž vyznávají, mělo by se poučiti každé sousedství a každý směr víry křesťanské.[5]

Je pravděpodobné, že po přečtení článku na titulní straně *The Chilton Times*, si čtenáři další kladli otázky stran svých nových německy hovořících sousedů:

- Odkud přišly tyto pracovité, hluboce věřící německé rodiny?

- Kdo jsou lidé z těchto 72 rodin? Jak se jmenují?

- Proč se naši noví německy hovořící sousedé usadili právě v okrese Calumet County?

---

[4] *(pozn. překl. přes 122 cm)*
[5] "The St. Charles Catholic Congregation," (=Katolická kongregace svatého Karla) *The Chilton Times,* 25. července 1868, titulní strana. [přepsala Joan Naomi Steiner, PhD]

Místní historikové i rodinní kronikáři se tyto otázky snažili zodpovědět, a to zejména z toho důvodu, že jsou součástí i jejich vlastních rodinných kořenů. Rodinní příslušníci tak pokračují ve svém vyprávění o minulých generacích, aby tyto příběhy zůstaly zachovány pro budoucí generace. Pečlivě zaznamenávali data narození, sňatků a úmrtí, které zůstávaly v kolektivní paměti rodin. Dnes máme k dispozici celé svazky rodinných osudů. Někteří rodinní příslušníci se také snažili získat přístup k původním záznamům o narození či sňatku prostřednictvím písemného kontaktu s ambasádami USA po celé Evropě. Tento postup byl zdlouhavý, a ne vždy přinesl ovoce.

Cestu badatelů zajímajících se o německy hovořící přistěhovalce k získání původních dokumentů, které dokládají rodinné příběhy, zcela změnily dvě zásadní události 20. století. Regiony spadající do sféry vlivu Sovětského svazu se po pádu železné opony v roce 1989 otevřely světu. Sametová revoluce znamenala svobodu pro občany nynější České republiky. Badatelé už tedy nemuseli o historické dokumenty žádat prostřednictvím zastupitelských úřadů USA, aby si mohli ověřit informace o té které rodině. Mohli vycestovat přímo do dané oblasti a studovat primární zdroje včetně knih narození, sňatků, úmrtí a katastrálních map.

Dalším zásadním milníkem byl rozmach internetu v 80. a 90. letech dvacátého století. Značnému počtu dokumentů, které byly do té doby dostupné pouze v národním archivu a oblastních archivech, se dostalo digitalizované podoby. Následně byly zpřístupněny všem, kteří měli přístup k internetu. V dnešní době mají badatelé z řad místních i rodinných příslušníků možnost pracovat v archivech buď přímo, nebo odkudkoli na světě. Dalším důležitým milníkem pro anglicky hovořící badatele pak byly počítačově řízené technologie automatizovaného překladu strojově psaných dokumentů do dalších jazyků.

Základy této knihy jsou vystavěny na práci těch, kteří neměli internet, digitalizované archiválie ani počítačově řízené technologie. Místní dějiny i historie rodin i rodinné příběhy je nyní možno doplnit o příslušné původní záznamy dat narození, sňatků a úmrtí ze zemí původu našich předků. Nikdy dříve neměli badatelé takový přístup k informacím a nyní se jim naskýtá možnost údaje v případě potřeby opravit a také rozšířit sledováním příbuzenské linie až k prvním historickým zmínkám v dokumentech.

Kapitola 1, „Jak jsem našla Čechy odbočkou přes Anglii" vypráví o mém osobním propojení se vznikající vesnicí Charlesburg tak, jak ji popisuje článek v listě *The Chilton Times* z roku 1868. Vysvětluji zde nedorozumění, která se v naší rodině o jejím původu tradovala.

Předešlá verze této kapitoly byla publikována společností German Bohemian Heritage Society of New Ulm ve státě Minnesota (Společnost pro dědictví českých Němců ve městě New Ulm).[6]

Kapitola 2 přibližuje zeměpisné umístění pěti farností v České republice, odkud emigrovaly stovky českých Němců. Zároveň jsou zde uvedeny oblasti státu Wisconsin, ve kterých se tyto rodiny usazovaly.

Kapitola 3, „Imigrační vlna" vysvětluje postup, který jsem využila k odhalení původu rodin německých Čechů ve městě Town of Brothertown a přilehlých oblastech. Předešlá verze této kapitoly byla také již dříve publikována Společností pro dědictví českých Němců.[7]

Kapitola 4 shrnuje výsledky výzkumu pěti západočeských farností, které byly součástí studie. V rámci ní bylo ztotožněno celkem

---

[6] Steiner, Joan Naomi, PhD, "Finding Bohemia by Way of England," (Jak jsem našla Čechy odbočkou přes Anglii) *Heimatbrief,* březen 2019, 5-7. (dostupné na @ german-bohemianwisconsin.com)

[7] Steiner, Joan Naomi, PhD, "High Tide of High Hopes and Unlimited Opportunity," *Heimatbrief*, červen/září 2020, 8-11. (dostupné na https://germanbohemianwisconsin.com/)

570 českých Němců. Nadto bylo nad rámec studie objeveno dalších 322 českých Němců ze 48 farností, které nebyly součástí studie. Tito nově objevení vystěhovalci a jejich původ jsou podnětem k dalšímu výzkumu. Závěr je shrnutím výsledků výzkumu a pojednává o tom, proč si vystěhovalci za svoji cílovou destinaci zvolili právě okres Calumet County.

Část II je databanka zdrojů. V Kapitole 6 je uvedený seznam historie rodin i oblastí opatřený poznámkami. Kapitola 7 obsahuje seznam dokumentárních videosnímků týkajících se farností Habakladrau (česky Ovesné nebo též Habrové Kladruby) a Pistau (česky Pístov), kaple Nejsvětější trojice v Kladrubech a výstavy Amerického centra Velvyslanectví USA v České republice. V Kapitole 8 je pak uveden seznam přeložených knih týkajících se daného regionu a vesnic, které se v něm nacházejí.

Kapitola 9 je zaměřena na místního historika a jeho práci v obcích Teplá a Mariánské Lázně. Knihy jsou psané v češtině opatřené anglickými poznámkami, kde jsou uvedena příjmení rodin a názvy vesnic, aby byl umožněn detailní popis farností našich předků a vesnic rodin českých Němců ve městě Town of Brothertown.

Kapitola 10 přibližuje německé zdroje, a to včetně německy psaných knih. Každá zde uvedená kniha je opatřena anglickými poznámkami s rodinnými příjmeními a názvy vesnic, které byly součástí výzkumné studie. Vzhledem k dostupnosti zdrojů jak v českém, tak i německém jazyce je možné porovnat i českou a německou perspektivu.

Tato kniha nabízí odpovědi na otázky, na které by se s největší pravděpodobností ptali i obyvatelé okresu Calumet County v roce 1868 po přečtení titulního článku v novinách *The Chilton Times*:

- Odkud přišly tyto pracovité, hluboce věřící německé rodiny?
- Kdo jsou lidé z těchto 72 rodin? Jak se jmenují?
- Proč se usadili právě v okrese Calumet County?

Publikace psané v několika různých jazycích nabízejí rozličné úhly pohledu na původní domovinu českých Němců v okolí Teplé a Mariánských Lázní. Tyto knihy jsem dostala darem od Čechů a Němců, se kterými jsem se při svém výzkumu setkala. Nyní předávám tyto dary dál všem, kdo se chtějí dopátrat větších podrobností o českých Němcích z města Town of Brothertown a o vesnicích, ze kterých se sem přistěhovali.

Potomci českých Němců v okrese Calumet County mohou být na své předky hrdí. Čelili mnohým zkouškám a překonali mnohá protivenství, což prohloubilo jejich náboženské přesvědčení. Díky ochotě tvrdě pracovat a jít za svými sny dosáhli úspěchů, jak dokládají zkazky o jejich každodenním životě. Všimli si toho i obyvatelé okresu Calumet County a měli pro ně slova obdivu a uznání, jak dokládá i článek z titulní strany *The Chilton Times* z roku 1868.

Kapitola 1

Jak jsem našla Čechy odbočkou přes Anglii

V lednu 2016 jsem absolvovala pobyt na British Institute v Salt Lake City ve Státě Utah, kde se věnují výuce práce s britskými a irskými genealogickými prameny již přes 20 let. Salt Lake City je také sídlem vědecké knihovny Family History Library (FHL), která umožňuje i bádat v rodinných pramenech on-line prostřednictvím webové stránky Familysearch.org.

Na British Institute jsem se přihlásila proto, že jsem měla zájem zjistit více o svých předcích z matčiny strany, kteří pocházeli z městečka Maltby v hrabství Yorkshire a také z hrabství Somerset v Anglii. Zapsala jsem se na týdenní kurz práce s anglickými prameny od roku 1840. Požádala jsem také o schůzku s odborníkem na německé zdroje FHL. Měla jsem v plánu provést pouze počáteční průzkum německých rodinných kořenů z otcovy strany a pokračovat v bádání o německé straně později. Nicméně ještě, než uplynul týdenní seminář zaměřený na anglické prameny, mne plně pohltil výzkum rodinných kořenů z otcovy strany. A od té chvíle se středobodem mého výzkum stala pravlast předků rodiny Steinerovy.

Historický kontext

Vyrůstala jsem s dědečkem z tatínkovy strany, rodiči a bratrem na farmě o rozloze 210 akrů v okrese Calumet County ve Wisconsinu, který se nachází mezi jezery Lake Michigan a Lake Winnebago v severovýchodní části státu Wisconsin. Kdykoli jsme se s bratrem vyptávali na původ naší rodiny Steinerových, otec nám vždy odpovídal, že pochází z Německa. Nicméně německy u nás doma nikdo nehovořil. Babička Steinerová byla částečně Angličanka, stejně jako moje maminka a od chvíle, kdy si vzala mého dědu, trvala na tom, že se u nich doma bude mluvit anglicky.

V 90. letech jsem získala výtisk knihy *The Descendants of Adalbert Steiner and Anna Guentner 1815-1886 (Potomci Adalberta Steinera a Anny Guentnerové 1815-1886)*, kterou sestavila Marianne Steinerová.1 Adalbert Steiner byl pradědeček a Anna Guentnerová byla prababička mého otce. Výše zmiňovaná kniha obsahuje i ověřenou kopii úmrtního listu Adalberta Steinera, kde je uvedeno, že se narodil v Německu.[2]

V knize *o Steinerových* byl také uveden soupis rodové linie Adalberta.[3] Narodil se dne 20. října 1815 a jako

Adalbert Steiner
1815 - 1906

Můj prapradědeček Adalbert Steiner se narodil v Čechách na území nynější České republiky.

místo narození bylo v rodokmenu uvedeno „Böhmen, Německo". Rodinná vyprávění, úmrtní list i rozpis rodové linie mne utvrzovaly v domněnce, že můj prapradědeček Adalbert Steiner se narodil v Německu. Tyto druhotné zdroje také stály u zrodu myšlenky požádat konzultanta FHS se specializací na Německo o schůzku, v průběhu mého týdenního kurzu na British Institute. V tu dobu jsem neměla ani ponětí o tom, že Böhmen byl region spadající v době Adalbertova narození a přistěhování do Spojených států amerických pod Rakouskou monarchii.

Family History Library/Knihovna rodinné historie

Když jsem přišla do FHL představila se mi k mému nezměrnému překvapení poradkyně pro Českou republiku a oznámila mi, že můj rod Steinerů pochází právě odtud a nikoli z Německa.

Jsem si jistá, že z mého šokovaného výrazu vyčetla vše, co v tu chvíli potřebovala vědět. V průběhu rozhovoru mi pak pomohla pochopit

Svatební portrét Henryho and Alice Steinerových 21. října 1913. Dědeček s babičkou z německé, otcovy strany rodiny.

rozpor mez tím, co se po generace tradovalo v mé rodině a pravdou, o jejím původu. Připomněla mi, že Německo jako samostatný stát neexistovalo do roku 1871. Böhmen neboli Čechy, které jsou uvedeny jako Adalbertovo rodiště v roce 1815 se nachází na území současné České republiky.

Zůstala jsem stát jako opařená. Měla jsem pocit, jako by právě zpochybnila všechno, čemu jsem doposud věřila v otázce původu mé rodiny a etnické příslušnosti klanu Steinerů. A skutečně ano – naštěstí pro mne!

Od poradkyně jsem se dozvěděla, že příjmení *Steiner* bývá používáno pro označení „lidí žijících blízko hranic". Na mapě mi ukázala linii v česko-německého příhraničí, kterou coby rodilá Češka považovala za oblast Čech, odkud toto jméno prameni. Vysvětlila mi, jak za použití on-line nástroje Familysearch hledat v databázích pramenů České republiky a získat přístup ke křestním listům, které lze dohledat dle farnosti a obce. V jedné z on-line databází farností našla rodinu Steinerových. Věnovala mi soupis doporučených amerických zdrojů, které bych měla prozkoumat předtím, než se vypravím do České republiky, protože jsem samozřejmě neměla ani ponětí o názvu obce, odkud moji předkové pocházeli.

Po skončení svého týdenního studia anglických pramenů v Salt Lake City jsem se vracela domů a v hlavě mi tanulo stále větší množství otázek o mém takzvaném německém původu. Když jsem přijela domů, uvědomila jsem si, jak málo vím o svém dědovi a to přesto, že jsem s ním bydlela u nás na farmě až do jeho smrti

Záznam v knize pokřtěných mého prapradědečka Adalberta Steinera

---

v době, kdy jsem byla už větší náctiletá slečna. Můj otec o něm příliš nemluvil, pravděpodobně proto, že někdy v polovině či ke konci 20. let farmu i rodinu opustila moje z části anglická babička a zanechala zde svého muže a syna. Jsem si jistá, že to pro něj tehdy bylo těžké. Respektovala jsem tedy, že se o tom nechce bavit. Informace, které jsem měla o tatínkově rodinné situaci tedy pocházely od mé maminky. Ta mi sdělila, že Steinerovi byli římští katolíci a že si můj pradědeček vzal členku episkopální církve. Dle mé maminky se můj děda po svatbě s rodinou Steinerových příliš nestýkal. Následkem toho vyrůstal můj otec s tím, že věděl, jak se jeho prarodiče, tety a strýcové jmenují, ale ve skutečnosti je neznal. A my s bratrem jsme věděli ještě míň.

Práce začíná

Uvědomila jsem si, že se budu muset představit bratrancům a sestřenicím, se kterými jsem se v životě nesetkala, pokud se mám kdy dopátrat obce, odkud rodina Steinerových pochází. Jedna sestřenice mne odkázala na další, o níž se domnívala, že si před lety najala genealogické služby, aby zjistila název obce odkud náš rod pochází. Zaslala jsem ji e-mail, kde jsem se představila a sepsala své dotazy. K mému velkému překvapení mi poskytla jméno vesnice Wischezahn (dnes známé jako Vysočany) ve farnosti Habakladrau (dnes známé pod názvem Ovesné Kladruby) v západní části České republiky – těsně u hranic, přesně, jak mi naznačila poradkyně pro Českou republiku v Salt Lake City. Tuto informaci jsem pak použila při hledání ve Familysearch Wiki. V rozdělovníku jsem vybrala Českou republiku a pak klikla na políčko „Online Records" tedy záznamy dostupné on-line, čímž jsem získala přístup k digitalizovaným archivům Portafontium, stejně jako tehdy moje poradkyně. Vyhledala jsem farnost Habakladau (Ovesné Kladruby) a záznamy obce Wischezahn (Vysočany), tedy vesnice mých předků. Z Adalbertova úmrtního listu jsem měla zjištěno jeho datum narození, a tak jsem použila rok, měsíc a datum pro to, abych o něm v archivních záznamech našla informace

Na předešlé fotografii vidíte záznam v knize pokřtěných mého prapradědečka Adalberta Steinera. I když jsem tehdy záznam našla, nebyla jsem schopna vyluštit text psaný starým německým písmem z roku 1815.[4] Potřebovala jsem překlad listu, abych informaci lépe porozuměla. Při hledání na internetu jsem narazila na genealožku z Prahy, která měla zkušenosti s výzkumem mé domovské oblasti Habakladrau. Najala jsem si její služby a ona souhlasila, že mi Adalbertův záznam o křtu přeloží.

Je tam psáno:

Jméno: **Steiner Adalbert**
Vyznání: katolické
Pohlaví: muž
Legitimita: legitimní

Rodiče:
Otec: **Raymund Steiner,** chalupník a tkadlec, v panství Tepl/Teplá
Matka: **Katharina**, dcera Antona **Popa**, rolníka z Habakladrau/ Ovesných Kladrub Č.p. 33 a Anny Marie Millerové ze stejné vsi č.p. 55
Kmotři:
Jména: Adalbert Rossner,   Anna Maria Rosnerová + + +
Sociální status:
      chalupník   jeho žena
      Wischezahn/Vysočany

Poznámky u záznamu:
      [křtil jsem jej] já osobně Marian Schusser [vlastní rukou], farář Porodní bába Magdalena Rosnerová z Habakladrau/Ovesných Kladrub[5]

Překlad přinesl tyto cenné informace:

- Jména mých praprapra prarodičů Raymunda a Kathariny Steinerových.
- Jména a příjmení rodičů Kathariny (4x pra prarodiče) a číslo popisné 33 v Habakladrau, kde bydlela.
- Jméno Anna Maria Millerová (4x pra prababička) z čísla popisného 55 v Habakladrau.
- Poznámka o Marianu Schusserovi, coby faráři, který křtil Adalberta Steinera.
- Povolání Raymunda Steinera, chalupníka a tkalce z panství obce Tepl (dnes známé jako Teplá).

Překvapením pro mne byla profese mého prapraprapradědečka Raymunda. Neočekávala jsem, že by takováto informace mohla být součástí křestního listu. Jelikož jsem neměla tušení, co se pod pojmy „chalupník a tkadlec" skrývá, vyhledala jsem je v knize s názvem *Heimatbrief: Stories of German-Bohemians (Heimatbrief:Příběhy německých Čechů)*.

Jeden z příběhů s názvem, „Peasants in Bohemia" (Rolníci v Čechách) mi poskytl vhled do způsobu života mého prapraprapradědečka Raymunda Steinera coby chalupníka a tkalce:

> Chalupník nevlastnil žádnou půdu. Když měli více štěstí patřila jim kůlna nebo přístavek, kde mohli chovat kozu, případně několik slepic, ale většina chalupníků se nacházela na spodních stupních ekonomického žebříčku – nádeníci, tkalci nebo ti, co prováděli konečnou úpravu látek a jejich barvení...Pravá chalupa bývala malé samostatně stojící stavení, často o jedné jediné sednici, ale obvykle bývalo vybaveno menším půdním prostorem.[6]

Dozvěděla jsem se, že Raymund a Katharina Steinerovi pravděpodobně nevlastnili žádný pozemek. Pozemkové knihy a daňové záznamy mi mohou pomoci vyjasnit, jaké byly skutečně jejich majetkové poměry, pokud tedy vůbec něco vlastnili. Chalupa č.p. 15 ve Wischezahn (Vysočanech) byla pravděpodobně malinká a uvnitř se nacházel tkalcovský stav, příze a podobné tkalcovské náčiní. Do takovéto domácnosti se 20. října 1815 narodil Adalbert.

Když jsem si studovala překlad dokumentu, z jednotlivých útržků informací vyvstávaly další otázky:

- Kdo jsou kmotři z rodiny Rossnerovy/Rosnerovy? Byli příbuzní naší rodiny? Co značí tři křížky uvedené za jménem Anna Marie?

- Jaký byl vztah Magdaleny Rosnerové vůči kmotrům z rodiny Rossnerových / Rosnerových?

- Jakou roli zastávala porodní bába v malé české vesnici jako byly Wischezahn (Vysočany), a to zejména ve vztahu ke knězi?
- Co je v dokumentu míněno „panstvím" a jaký vztah má toto ke Habakladrau (Ovesným Kladrubám) a Wischezahn (Vysočanům)?
- Stojí stále kostel, kde byl pokřtěn?

Tyto otázky zřetelně ztělesňovaly moji touhu získat představu o tom, v jakém kontextu moji předkové žili, pracovali a umírali. Chtěla jsem je poznat prostřednictvím toho, jak pracovali, žili, jaká zažívali zklamání a co oslavovali. Potřebovala jsem se seznámit se socio-ekonomickými a politickými podmínkami ve kterých kolem roku 1800 žili.

Další kroky

K Adalbertovu záznamu v knize pokřtěných jsem se dostala při práci z domova 8. srpna 2016. Všichni známe ten pocit, když konečně staneme na opačné straně zdi: šok, nadšení, úleva a obrovský příval energie – a to všechno v jeden jediný okamžik. Nikdy na ten den nezapomenu. Tento objev mne podnítil k dalšímu pátrání. Chtěla jsem zjistit, kde ve farnosti Habakladrau

(Ovesné Kladruby) najdu na mapě chalupu č.p. 15 ve Wischezahn (Vysočanech) a začít zjišťovat víc o historii tohoto místa. Začínalo na mne doléhat, že příběh mých předků je *můj* příběh. A tak se stalo, že jsem díky Britskému Institutu ve městě Salt Lake City a díky setkání s genealogickou poradkyní pro Českou republiku studijní knihovny Family History Library našla Čechy odbočkou přes Anglii!

Citace:

[1] Steiner, Marianne, editorka. *The Descendants of Adalbert Steiner and Anna Guentner [Gintner] 1815-1886* (Humboldt, SK: vydáno vlastním nákladem, 1986).

[2] Steiner, *Descendants* 19.

[3] Steiner, *Descendants* 25.

[4] Portafontium. Ovesné Kladruby," „č.5, zápis Adalbert Steiner" října 1815, získáno 8. srpna, 2016, https://www.portafontium.eu/iipimage/30066841/ovesne-kladruby-05_0810-n?x=356&y=167&w=866&h=520.

[5] Jan and Renata Peez, 8.května, 2018, www.pathfinders.cz.

[6] Hobbs, Karen, "Peasants in Bohemia," (Rolníci v Čechách) v rámci spolku pro Česko německé dědictví, German-Bohemian Heritage Society, editor, *Heimatbrief: Stories of German-Bohemians,* (New Ulm, MN: Edinborough Press, 2013), p. 147.

Kapitola 2

Odkud pocházeli německy hovořící vystěhovalci?

Západní Čechy

Kolem roku 1850 si více než 570 německy hovořících českých vystěhovalců zvolilo za cíl své cesty okres Calumet County ve státě Wisconsin. V té době byly západní Čechy součástí Českého království. Dnes jsou německy hovořící vystěhovalci ze západních Čech označováni termínem čeští Němci. Čeští Němci žili v příhraničních regionech území, na kterém se v současné době rozkládá Česká republika. Z tohoto důvodu se ve spojitosti s nimi někdy objevuje i termín Lidé z příhraničí.

Mapa 1: Česká republika[2]

Současná Česká republika

Česká republika ve své současné podobě vznikla v roce 1993.[1] Na mapě číslo jedna jsou znázorněny sousední země České republiky – Polsko na severu, Slovensko na východě, Rakousko na jihu a Německo na západě a severozápadě. Rodiny českých Němců žili v příhraničních oblastech do odsunu německých obyvatel po druhé světové válce.

---

[1] Encyklopedie Britannica (https://www.briticannica.com/place/Czech-Republic/ History: navštíveno dne 20. května 2022), "Czech Republic History."

[2] Mapy České republiky - Československa. Digitální vyobrazení (https:// maps-czech-republic.com/maps-czech-republic---czechoslovakia-in-world/czech-re- public-map-and-surrounding-countries: navštíveno dne 20. května 2022)

Oblasti s německy hovořícími obyvateli

Německy hovořící obyvatelé žili v příhraničních oblastech do konce druhé světové války. Na mapě číslo 2 jsou znázorněny oblasti s největší koncentrací německy hovořícího obyvatelstva v rámci soudních okresů k roku 1910. Místa označena tmavomodře značí oblasti s nejvyšší koncentrací německy hovořících obyvatel. Následkem odsunu po druhé světové válce zůstalo české příhraničí bez německy hovořících obyvatel. Poválečnému odsunu a jeho důsledkům pro současné české příhraničí se budeme věnovat v kapitole 10.

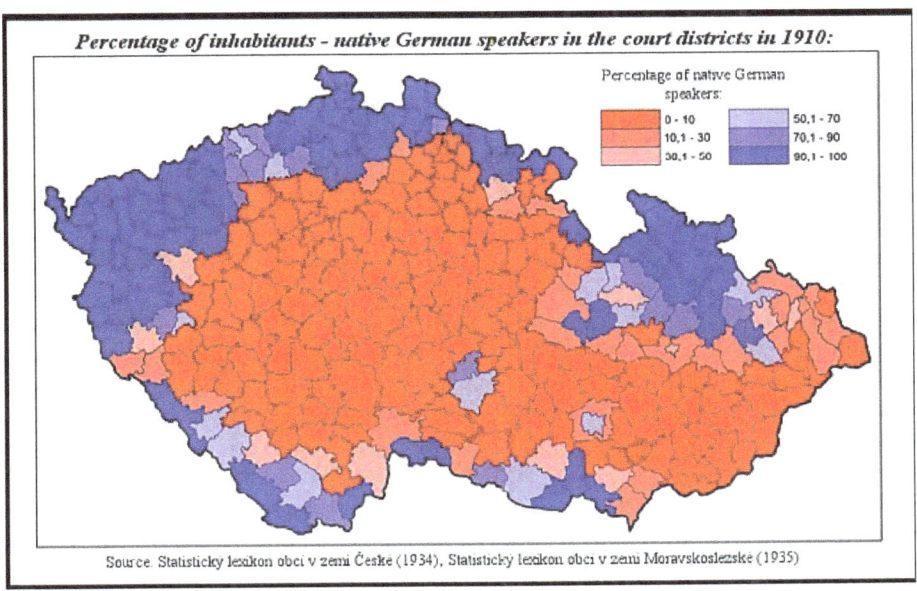

Mapa 2: Procentuální podíl obyvatelstva[3]

---

[3] Statistický lexikon obcí v zemi České (1934), Statistický lexikon obcí v zemi Moravskoslezské (1935)

Mapa 3: Domovina českých Němců[4]

<u>Oblast Teplé a Mariánských Lázní</u>

Teplá a Mariánské Lázně jsou obce, které se nacházejí v blízkosti hranic na severozápadě Čech. V období feudalismu spadaly obě tyto obce do panství kláštera Teplá. Tento klášter spravoval dominium čítající přibližně 50 vesnic.[5] Ve feudálním systému museli nevolníci pracovat na panských polnostech a museli se řídit zákony daného panství. Na mapě 3 jsou uvedeny německé názvy obcí v oblasti Teplé a Mariánských Lázní, které dohromady tvoří

---

[4] *Mapa císařského lesa a Tepelské vysočiny (Kaiserwald und Tepler Hochland Die Kreife: Marienbad-Plan-Tepl.) Norimberk: Helmut Preußler Verlag + Druck. 1989. V soukromém vlastnictví by Joan Naomi Steiner, PhD [ADRESA PRO SOUKROMÉ POUŽITÍ] město Neenah, Wisconsin, červen 2019.*

[5] František Palacký, Popis Králowstwí českého, čili, Podrobné poznamenání wšech. (1848), 402-403.

část klášterního dominia Teplá. V mapě jsou přesně vyznačeny pozice obcí, odkud pocházeli čeští Němci, kteří se okolo roku 1850 usadili v okrese Calumet County ve státě Wisconsin. Tento region opustily stovky vystěhovalců, čímž daly vzniknout zásadní přistěhovalecké vlně mířící do okresu Calumet County ve státě Wisconsin.

Okres Calumet County ve státě Wisconsin

Čeští Němci přijížděli do okresu Calumet County, a to zejména do města Town of Brothertown, aby zde umožnili sobě, svým rodinám i příštím generacím začít nový život. Mapa 4 znázorňuje Wisconsin v roce 1846; tedy dva roky před tím, než se stal jedním ze států USA. Zalesněná oblast

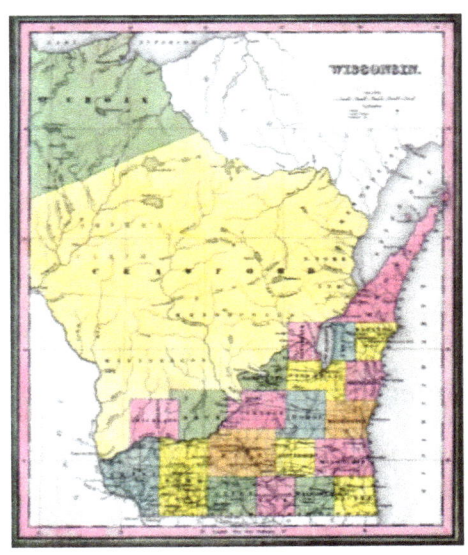

Mapa 4: Wisconsin 1846[6]

přistěhovalcům skýtala úrodnou zemědělskou půdu a klima podobné tomu, co znali ze západních Čech. Okolní vodní plochy Velkých jezer, jezero Winnebago a řeky Fox a Manitowoc posky-

---

[6] *S. Augustus Mitchell, Wisconsin 1846 (Philadelphia: S. Augustus Mitchell, 1846). Digitální vyobrazení, American Geographical Society Library, University of Wisconsin-Milwaukee Libraries (https://collections.lib.uwm.edu/digital/collection/agdm/id/654/rec/2: navštíveno dne 20. května 2022).*

tovaly skvělý prostor pro vodní dopravu, která byla významná z hlediska prodeje obilovin a dalších zemědělských produktů.

Město Brothertown

Ve Wisconsinu byla města ustanovena součástí vládního systému správy v roce 1827, ještě v době, kdy byl Wiscon

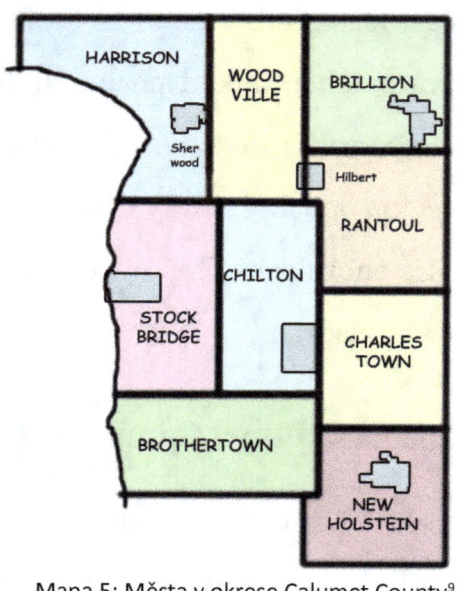

Mapa 5: Města v okrese Calumet County[9]

sin teritoriem.[7] V roce 1839 poskytla vláda Spojených států amerických pozemky, na nichž leží současné město Brothertown (s výjimkou 500 akrů tohoto území), indiánům stejnojmenného kmene, kteří emigrovali ze státu New York. Město Brotherown vešlo ve známost jako Rezervace Brothertown.[8]

Vláda USA nabízela příslušníkům kmene občanství výměnou za

---

[7] „Vládní struktury" "Structures of Government," Encyklopedie vlády (Encyclopedia of Government=ECM) a digitální knihovna při UWM. (https://emke.uwm.edu/entry/structure-of-local-government/: navštíveno dne 20. května 2022).

[8] Cipolla, Craig,a Caroline Andler. "The Brothertown Indian Nation History." (Historie indiánského národa Brothertown) History: A Brief Historical Overview Fond du Lac, Wisconsin: Brothertown Indian Nation(Historie: krátký historický přehled okresu Fond du Lac ve státě Wisconsin: Indiánský kmen Brothertown); (https://brothertownindians.org/heritage/history/: navštíveno dne 20. května 2022).

[9] Historický atlas Wisconsinu (Milwaukee: Snyder, Van Vechten and Co., 1846), Digitální vyobrazení, (http://sites.rootsweb.com/~wicalume/: navštíveno dne 10. května 2022).

to, že budou ochotni vlastnit přidělené akry půdy. Pro indiány Brothertown to byla lákavá nabídka, jelikož se již dříve museli několikrát vystěhovat ze svých původních domovin. Někteří příslušníci kmene bohužel přišli o půdu z důvodu neplacení daní. Obchodníci, kteří spekulovali s půdou tyto pozemky skoupili a přeprodali je dále.[10] Na mapě 5 jsou vyznačena města v okrese Calumet County.

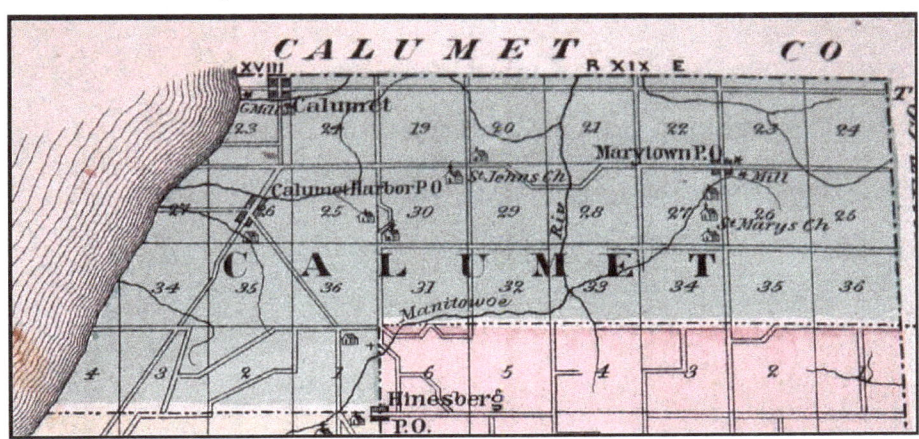

Mapa 6: Město Calumet v okrese Fond du Lac County 1846[11]

Čtvrť Marytown ve městě Calumet v okrese Fond du Lac County

Několikero nových osadníků, včetně mého rodu Steinerů, kteří přišli v začátcích přistěhovalecké vlny, se nejprve usídlilo ve čt-

---

[10] *Cipolla, Craig, a Caroline Andler. "The Brothertown Indian Nation History." (Historie indiánského národa Brothertown) History: A Brief Historical Overview Fond du Lac, Wisconsin: Brothertown Indian Nation (Historie: krátký historický přehled okresu Fond du Lac ve státě Wisconsin: Indiánský kmen Brothertown); (https://brothertown-indians.org/heritage/history/ : navštíveno dne 20. května 2022).*

[11] *Ilustrovaná historická mapa Wisconsinu (Milwaukee: Snyder, Van Vechten & Co. 1878), Digitální vyobrazení, (http://www.formycousins.com/1878/1878atlas-Fondulac.html : navštíveno dne 20. května 2022).*

vrti Marytown ve městě Calumet v okrese Fond du Lac County a pozemky ve městě Brothertown zakoupili až později. V Marytown byla založena farnost roku 1849 a římští katolíci ji znali díky biskupovi Hennimu z Milwaukee. Biskup Henni vyzýval německy hovořící přistěhovalce, aby se usídlili ve Wisconsinu.

První z českých Němců, kteří se usídlovali ve městě Brothertown museli každý týden docházet cca 5 mil (cca 8 km) na bohoslužby do kostela St. Mary´s Church v části Marytown, a to do doby, kdy si byli schopni postavit kostel vlastní.[12] Na mapě číslo 6 (na předešlé stránce) vidíme Marytown ve vztahu k okresu Calumet County.

---

[12] *John Kern, A History of the Parish of St. Charles Borromeo from its Beginning to 1866 to the Days of Diamond Jubilee November 4 (Historie farního kostela svatého Karla Boromejského od svých počátků v roce 1866 do oslavy Diamantového výročí 4. listopadu, 1941, (Vydáno soukromým nákladem, 1941).*

Závěr

Osadníci v okrese Calumet County z řad českých Němců, kteří byli součástí studie, pocházeli z obcí Teplá a Mariánské Lázně, které se nachází u západní hranice současné České republiky. Většina těchto osadníků zakotvila ve městě Brothertown v okrese Calumet County. Tito pracovití německy hovořící přistěhovalci přijeli přímo do Wisconsinu, aby zde zakoupili pozemky, vymýtili lesy a založili pole, vybudovali domovy, vlastní kostel a školu. Čeští Němci přicházející z Teplé a Mariánských Lázní přicházeli do okresu Calumet County, aby vybudovali lepší život pro sebe a své rodiny a pokračovatele rodu v budoucích generacích.

Kapitola 3

Velký příliv velkých nadějí a neomezených příležitostí: Výzkumná studie

Kontext

Rok 1848 byl přelomový jak pro severozápadní Čechy (oblast Teplé a Mariánských Lázní), tak i pro teritorium Wisconsin v USA. Lidé na území Teplé a Mariánských Lázní byli zproštěni povinnosti robotovat na území vrchnosti, která byla součástí staletí zavedeného feudálního systému, který se zrušením poddanství v rakouském císařství v roce 1848 rozpadl. Nově nabytá svoboda pravděpodobně vnesla do srdcí i myslí místních naději na lepší budoucnost jejich rodin i jich samotných.

Rok 1848 přinesl teritoriu Wisconsin proměnu ve stát USA a také novou naději s výhledem k slibné budoucnosti. Bylo zapotřebí nových osadníků, kteří by pomohli divočinu přeměnit v hrdý a přínosný stát. Hojné wisconsinské lesy a úrodná zemědělská půda nabídla přistěhovalcům z Teplé a Mariánských Lázní příležitost, jak začít žít nový život s vidinou lepších zítřků.

Jak čeští Němci nově usídlení ve Wisconsinu, tak jejich příbuzní, kteří zůstali ve vlasti, se učili žít v demokracii. Skrze demokratické principy vytvořili silnou občanskou společnost, jak v novém světě, tak ve své domovině. Rok 1848 znamenal velký příliv velkých nadějí a neomezených příležitostí na obou stranách Atlantského oceánu.

V kontextu těchto nadějí mělo brzy dojít k osídlení okresu Calumet County a města Brothertown ve státě Wisconsin českými Němci, kteří emigrovali z Teplé a Mariánských Lázní.

Jak to všechno začalo

Při pátrání po svých předcích z rodiny Steinerovy jsem si začala všímat opakujících se vzorců povědomých příjmení v záznamech o křtech, sňatcích a úmrtích. Brzy jsem si jednotlivá příjmení

Pohled v roce 1908 ze severní strany. Na této pohlednici zleva doprava vidíme faru, kostel a školu svatého Karla v okrese Calumet County ve státě Wisconsin, 1908. (sbírka Herba Buhla)[1]

uvedená u obcí v severozápadních Čechách začala propojovat s příjmeními města Charlesburg, odkud pocházím, města Brothertown v okrese Calumet County. Z historie kostela svatého Karla nazvané *A History of the Parish of St. Charles Borromeo* (Historie farnosti svatého Karla Boromejského)[1] jsem zjistila příjmení prvních osadníků této oblasti. Byli to čeští Němci, kteří sem přesídlili z Teplé a Mariánských Lázní ještě před příchodem mých předků z rodu Steinerů v roce 1856. O tom jsem ale tehdy ještě neměla ani tušení.

S příchodem dalších rodin, se dokupovaly další pozemky, stavěla první obydlí a vznikla také první vesnice. Pojmenovali ji Charlesburg. V této nové vesnici zbudovali čeští Němci kostel, faru a školu – vše zaštítěné jménem svatého Karla. Podle údajů v publikaci věnované historii kostela založili čeští Němci na jeho severní straně v roce 1858 hřbitov.[2]

Tato publikace pojednávající o historii kostela Svatého Karla také poskytuje jmenný soupis prvních obyvatel Charlesburgu. Díky on-line výzkumu se mi podařilo vypátrat jejich rodné vesnice a také záznamy dokládající jejich narození/křest.

Všichni první osadníci jsou sepsáni zde:

- Anton Reinl narozený v Abaschin, v čísle popisném 3, Egerland (Chebsko), Čechy, Rakousko-uherská monarchie (nyní Závišín, okres Cheb, Karlovarský kraj, Česko).[3]
- Raymond Lodes narozený v Rojau, v čísle popisném 19, Egerland (Chebsko), Čechy, Rakousko-uherská monarchie (nyní Rájov, okres Cheb, Karlovarský kraj, Česko).[4]
- Joseph Nadler narozený v Rojau, v čísle popisném 66, Egerland (Chebsko), Čechy, Rakousko-uherská monarchie (nyní Rájov, okres Cheb, Karlovarský kraj, Česko).[5]
- Joseph Fischer narozený v Rojau, v čísle popisném 8, Egerland (Chebsko), Čechy, Rakousko-uherská monarchie (nyní Rájov, okres Cheb, Karlovarský kraj, Česko).[6]

Všechny čtyři výše uvedené rodiny se vydaly na cestu z přístavu Brémy v Německu do přístavu v New Yorku, USA. Rodina Lodesova připlula v roce 1854;[7] zbylé tři rodiny přicestovaly v roce 1855.[8] Dopisy, které domů posílaly pravděpodobně ponoukly další rodiny, včetně mých předků z rodu Steinerů, z Mariánských Lázní, Teplé a okolí, aby se k nim přidaly. V příštích několika deseti-

Pohled na východ ku Praze, která je odsud vzdálená asi 94 mil (cca 151 km). Tento letecký pohled na klášter v Teplé pochází z historické pohlednice. (sbírka Joan Naomi Steiner, PhD)

letích přišly do okresu Calumet County stovky českých Němců, kteří tvořili imigrační vlnu českých Němců z oblastí Teplé a Mariánských Lázní.

Počátky výzkumného projektu přistěhovalectví

Pátrání po kořenech mé vlastní rodiny přerostlo ve výzkumný projekt, který jsem nazvala Calumet County Immigration Research Project; tedy Výzkumný projekt imigrace do okresu Calumet County. Ze zeměpisného hlediska se projekt zaměřuje na vesnice spadající pod panství Kláštera Teplá a farnosti v oblasti Teplé a Mariánských Lázní (uvádím místní názvy v němčině i v češtině): Habakladrau (nyní Ovesné Kladruby); Pistau (nyní Pístov); Einsiedl (nyní Mnichov); Tepl (nyní Teplá) a Rojau (nyní Rájov). Výzkumná metodologie a postup použitý ke zjištění imigrantů z řad českých Němců byly následující:

- Imigranti z řad českých Němců byli v rámci studie identifikováni ze seznamu osob pohřbených na hřbitově St. Charles Cemetery.

- Bližší informace stran těchto osob byly sesbírány z okresních a státních archivů, nekrologů v místních novinách a svazcích rodinné historie v místních knihovnách.

- K osobám identifikovaným v rámci studie pak byly on-line dohledány imigrační záznamy.

- K vypátrání původní farnosti či vesnice byly použity záznamy o naturalizaci osob, pokud byly pro danou osobu dostupné.

- K identifikaci záznamů o narození daných českých Němců byly použity on-line zdroje Státního oblastního archivu v Plzni (dříve Pilsen).

- Odkazy na původní záznamy u každé identifikované osoby z řad českých Němců byly vloženy do on-line databáze českých Němců ve Wisconsinu na internetové adrese germanbohemianwisconsin.com.

- Byly vytvořeny zprávy se soupisy identifikovaných českých Němců podle místa, kde se narodili či byli pokřtěni. Tyto zprávy spolu s rozborem výsledků studie jsou uvedeny v kapitole 4.

V době sepsání této publikace bylo známo přes 400 českých Němců, kteří přesídlili do okresu Calumet County ve státě Wisconsin z oblasti Tepl/Teplé a Marienbad/Mariánských Lázní. Ve výčtu příjmení nalezneme mimo jiné i tato: Denk, Fischbach, Fischer, Güntner, Groeschl, Hammer, Leitner, Lenz, Lodes, Müller, Nadler, Neubauer, Pimpl, Pop, Popp, Reinl, Rott, Rummer, Schott, Schusser, Steiner, Utschig, Weber, Wettstein a Zucker.

<u>Navazující výzkum</u>

Sudetští Němci, z nichž mnozí jsou žijící příbuzní wisconsinských českých Němců, kteří původně přišli z oblasti Teplé a Mariánských Lázní, se každoročně scházejí v hotelu Den Heiligenhof ve městě Bad Kissingen v Německu. Tohoto setkání jsem se zúčastnila v roce 2019. Na setkání jsem účastníkům dala nahlédnout do první verze svého výzkumného projektu, kde byla uvedena příjmení osob a názvy domovských vesnic, odkud tito čeští Němci začali okolo roku 1850 odcházet. Několik účastníků setkání si vzpomně-lo, že v rámci rodinných vyprávění slýchali příběhy o příbuzných, co odešli do USA. Jedna dáma uvedla jako příklad vzájemnou korespondenci s příbuznými v USA. Vybavila si, že se usadili v Jerichu ve Wisconsinu, které je součástí města Town of Brother-town v okrese Calumet County. Sudetští Němci, kteří se tohoto setkání účastnili, měli zájem dozvědět se další informace o svých příbuzných usazených v okrese Calumet County.

V srpnu roku 2019 jsem se také zúčastnila Pouti ke svatému Vavřinci v Ovesných Kladrubech a setkání u příležitosti svátku svatého Bartoloměje v Pístově. Videodokumenty pořízené na těchto setkáních jsou sepsány v Části II této publikace. Někteří sudetští Němci z předešlého setkání v Bad Kissingenu se těchto dvou akcí také zúčastnili.

Pokračovali jsme v rozhovoru o českých Němcích usazených v okrese Calumet County a předali si knihy a kopie výzkumných materiálů týkajících se vesnic Habakladrau (Ovesné Kladruby) a Pistau (Pístov).

Díky nim jsem darem získala přístup k nedocenitelným informacím, které dodaly mému výzkumu nevídanou hloubku. Tyto zdroje jsou pak uvedeny v druhé části této publikace. S účastníky jsme stále v kontaktu prostřednictvím e-mailu a překladače Google.

V rámci svého pobytu v České republice jsem se v roce 2019 setkala se starosty, místními kronikáři a členy místních komunit, abych s nimi sdílela předběžné výsledky svého výzkumu ohledně vlny imigrace do Wisconsinu. Starostové a další vůdčí osobnosti těchto dvou oblastí měli velký zájem se dozvědět více o dávných obyvatelích vesnic, které mají nyní ve správě. Potěšila je myšlenka, že ve Wisconsinu žijí potomci českých Němců, kteří by v budoucnu mohli mít zájem tato místa osobně navštívit.

Další kroky

Kroky potřebné k dalšímu pokračování výzkumu:

1. Je třeba seřadit poznatky z tohoto výzkumu a rozdat je potomkům českých Němců, kteří se do okresu Calumet County přistěhovali, sudetským Němcům pocházejícím z oblastí Mariánských Lázní a Teplé i jejich potomkům a Čechům, kteří v těchto dvou výše zmíněných obcích žijí.

2. Je zapotřebí zvýšit povědomí o společných kulturních vazbách, které spojují potomky českých Němců žijících ve

Wisconsinu, sudetské Němce a Čechy, kteří žijí v okolí Mariánských Lázní a Teplé.

3. Je zapotřebí vyhledat další potomky českých Němců, jako jsem já, aby i oni měli možnost sdílet nevyřčené příběhy svých předků.

Tato práce zde nekončí. Jak postupuji dále, budu vděčná všem potomkům českých Němců z Calumet County, kteří se rozhodnou mi pomoci zjistit co nejvíce o českých Němcích usazených v okrese Calumet County ve státě Wisconsin. Jejich příběh teprve začíná pronikat na veřejnost.

Byla bych ráda, kdyby tato práce byla přínosem pro sudetské Němce a jejich potomky, občany České republiky a jejich potomky a obyvatele okresu Calumet County a jejich potomky. Tento přímý přínos pak spočívá v docenění našich společných kořenů v kultuře českých Němců a jejich dědictví. Všichni můžeme čerpat ze znalosti příběhů, které naši předkové neměli možnost odvyprávět.

Citace:

1   Kern, John. *Historie farního kostela svatého Karla Boromejského od svých počátků v roce 1866 do oslavy Diamantového výročí 4. listopadu, 1941, A History of the Parish of St. Charles Borromeo from its beginning in 1866 to the days of its Diamond Jubilee November 4, 1941.* v soukromém vlastnictví Joan Naomi Steiner, PhD [ADRESA PRO SOUKROMÉ VYUŽITÍ] Neenah, Wisconsin, 2005.

2   Pohlednice fary a školy při kostele svatého Karla, 1908. Ze sbírky pohlednic. V soukromém vlastnictví Herba Buhla, [ADRESA PRO SOUKROMÉ VYUŽITÍ,] Chilton, Wisconsin, leden 2016.

3   Římskokatolický kostel (Habakladrau, Egerland, Čechy, Rakousko-uherská monarchie (v současné době Ovesné Kladruby, Cheb, Česká republika). Farní matriky 1814-1866. kniha 5, vyobrazení 134, strana 270, řádek 1, digitální vyobrazení státního oblastního archivu v Plzni. https://www.portafontium.eu/iipimage/30066841/ovesne-kladruby-05_1350-n?x=24&y=36&w=482&h=203 : 2019.

4   Římskokatolický kostel (Rojau, Egerland, Čechy, Rakousko-uherská monarchie (v současné době Rájov, Cheb, Karlovarský kraj, Česká republika). Farní matriky, 1789-1840. Kniha 1, vyobrazení 46, strana 87, řádek 4, digitální vyobrazení státního oblastního archivu v Plzni. https://www.portafontium.eu/iipimage/30067855/rajov-01_0461-n?x=419&y=340&w=615&h=259 : 2019.

5   Římskokatolický kostel (Rojau, Egerland, Čechy, Rakousko-uherská monarchie (v současné době Rájov, Cheb, Karlovarský kraj, Česká republika). Farní matriky, 1789-1840, Kniha 1, vyobrazení 55, strana 90, řádek 1. digitální vyobrazení státního oblastního archivu v Plzni. https://www.portafontium.eu/iipimage/30067855/rajov-01_0551-n?x=-22&y=65&w=753&h=317 : 2019.

6   Římskokatolický kostel (Rojau, Egerland Čechy, Rakousko-uherská monarchie (v současné době, Rájov, Cheb, Karlovarský kraj, Česká republika). Farní matriky, 1789-1840. Kniha 1, strana 116, vyobrazení 75. řádek 3. Digitální vyobrazení státního oblastního archivu v Plzni. https://www.portafontium.eu/iipimage/30067855/rajov-01_0751-n?x=-22&y=269&w=586&h=246 . 2019.

7   *Seznamy cestujících na plavidlech připlouvajících do New Yorku, New York, 1820-1897.* Microfilm Publication M237, 675 svitků. NAI: 6256867. Záznamy spravuje celní správa USA s názvem U.S. Customs Service, Record Group 36. Národní archiv ve městě Washington, D.C. Databáze. *Ancestry.com,* (http://www.ancestry.com : navštívena 21.listopadu 2019), záznamy u jména R. Ludes [Lodes], věk 46, připlul do místa New York Castle Gardens, 14. září 1854 na palubě lodi the *Elizabeth.*

8   *Seznamy cestujících na plavidlech připlouvajících do New Yorku, New York, 1820-1897.* Microfilm Publication M237, 675 svitků. NAI: 6256867. Záznamy spravuje celní správa USA s názvem U.S. Customs Service, Record Group 36. Národní archiv ve městě Washington, D.C. Databáze. *Ancestry.com,* (http://www.ancestry.com : navštívena 21. listopadu 2019), záznamy u jmen Franz T. [J.] Nadler, ve věku 39 let; Anton Reindel [Reinl] ve věku 30 let; Joseph Fischer, ve věku 30 let, připluli do místa New York Castle Gardens, 31. listopadu 1855 na palubě the *Meta.*

Kapitola 4

Shrnutí
Výsledků výzkumu

Calumet County Immigration Research Project; tedy Výzkumný projekt imigrace do okresu Calumet County označil emigranty, kteří pocházeli z farností v oblasti Mariánských Lázní a Teplé. Celkem došlo k identifikaci 570 vystěhovalců. Z celkového počtu 570 osob jich 248 emigrovalo z některé z 5 farností v oblasti Mariánských Lázní a Teplé, které byly vybrány v rámci studie jako cílové: Habakladrau (nyní Ovesné Kladruby); Pistau (nyní Pístov); Einsiedl (nyní Mnichov), Tepl (nyní Teplá); and Rojau (nyní Rájov).

Omezení studie

K určení původu přistěhovalců byly použity farní a obecní matriky – knihy narozených a knihy pokřtěných, pokud byly k dispozici. I tak mohou být tyto záznamy nepřesné. Těhotné ženy se tehdy často vracívaly do bydliště své matky, aby mohly porodit tam. Záznam o narození/křtu novorozeněte byl pak uložen ve farnosti, pod jejíž působnost spadalo místo pobytu babičky.

V dalších případech nebyly některé farní matriky k dispozici on-line v digitalizované podobě. Je možné, že se nedochovaly vůbec, a pokud ano, nebyly zatím digitalizovány. Nahlížení do matričních knih je upraveno zákonem, kvůli němuž mohlo být v některých případech nemožné příslušné zápisy získat. Za těchto okolností bylo třeba mít k dispozici údaje příbuzných v USA a také příslušné záznamy coby důkaz o místě původu. Nicméně v převážné většině případů dokázala zpracovatelka tohoto výzkumu získat skutečné záznamy z knih narozených/pokřtěných u emigrantů, kteří jsou součástí této studie.

V této studii jsou zahrnuti i ti přistěhovalci, kteří nejprve dorazili do Wisconsinu, ale později pokračovali směrem na západ, kde pravděpodobně zakoupili pozemky např. ve státech Iowa, Minnesota, a Severní i Jižní Dakota. Pro účely této studie byli sečteni všichni přistěhovalci, jejichž prvotní destinací byl stát Wisconsin.

V několika případech musel být imigrant zapsán do studie dvakrát, a to z důvodu úmrtí jednoho z manželů a uzavření nového sňatku přeživšího. Přestože se ve studii objevují podruhé, v součtu přistěhovalců jsou uvedeni pouze jedenkrát. Objekty studie, které uzavřely sňatek dvakrát, jsou označeny jednou hvězdičkou. Imigranti, kteří absolvovali více než jednu cestu do USA, jsou označeni dvěma hvězdičkami u jména. Ve studii jsou uvedeni dvakrát, ale započítáni do součtu jsou pouze jednou.

Databáze zdrojů záznamů

Záznamy týkající se imigrantů pocházejí mimo jiné z těchto zdrojů v USA: Imigrace a naturalizace; Sčítání lidu USA z let 1860, 1870, and 1880; záznamy o majetku a daňová přiznání; nekrology a kroniky místních rodin. Citace záznamů a odkazy na původní záznamy týkající se jednotlivých imigrantů jsou uchovávány v databázi na webové stránce: https://www.germanbohemianwisconsin.com/.

Samotné záznamy z knih narozených/pokřtěných a matriční knihy sňatků pro osoby ve studii uvedené byly získány například kliknutím na odkaz http://www.portafontium.eu/contents/register/soap-pn/cirkev-rimskokatolicka v profilu dané osoby. Stejně tak byly získávány i informace o místech posledního odpočinku; tedy kliknutím na odkaz https://www.findagrave.com/. Veškeré zdroje jsou v databázi uvedeny v plné citaci.

Emigranti dle farností

Celkem bylo identifikováno 248 vystěhovalců, kteří se narodili a/nebo byli pokřtěni v některé z pěti vytyčených farností. V tabulce níže je uvedeno rozložení vystěhovalců dle farností (místní názvy jsou uvedeny německy a česky) a procentuální vyjádření (zaokrouhlené) počtu, jakým každá z farností přispěla do celkového počtu emigrantů:

Rozložení emigrantů dle farností ve studii

Název farnosti	Počet emigrantů	% emigrantů dle vytyčené farnosti
Royau/**Rájov**	77	31%
Habakladrau/**Ovesné Kladruby**	70	28%
Einsiedl/**Mnichov**	57	23%
Tepl Stadt/**Teplá Město**	30	12%
Pistau/**Pístov**	14	6%
Celkem	**248**	**100%**

V součtu tedy 5 farností vytyčených v rámci studie opustilo 248 osob. Vystěhovalci z těchto 5 farností pak tvoří 44 % všech emigrantů identifikovaných v rámci studie.

V následující tabulce jsou uvedeny obce původu vystěhovalců dle farností. Procenty je pak vyjádřena míra, jakou daná obec přispěla k celkovému počtu vystěhovalců v jednotlivých farnostech.

Rozložení emigrantů dle farností a obcí ve studii

Farnost	Emigranti z farnosti	Obec v rámci farnosti	Počet emigrantů z dané obce	% emigrantů dle obce v rámci farnosti
Royau/**Rájov**	77			
		Royau/**Rájov**	77	100%
Habakladrau/ **Ovesné Kladruby**	70			
		Abaschin/ **Závišín**	8	11%
		Habakladrau/ **Ovesné Kladruby**	37	53%
		Hohendorf/ **Zádub**	1	1%
		Müllestau/ **Milhostov**	5	7%
		Wischezahn/ **Vysočany**	12	17%
		Wischkowitz/ **Výškovice**	7	10%
Einsiedl/**Mnichov**	57			

Farnost	Emi-granti z farnosti	Obec v rámci farnosti	Počet emigrantů z dané obce	% emigrantů dle obce v rámci farnosti
		Einsiedl/ **Mnichov**	33	58%
		Kschiha/**Číhaná**	15	26%
		Pfaffengrün/ **Popovice**	1	2%
		Rauschenbach/ **Sítiny**	8	14%
Tepl Stadt/ **Teplá Město**	30			
		Böhmisch Borau/**Beranov**	1	3%
		Enkengrün/ **Jankovice**	9	30%
		Lusading/ **Služetín**	7	23%
		Pauten/**Poutnov**	4	13%
		Pobitz/**Babice**	2	7%
		Tepl Stadt/ **Teplá Město**	7	23%
Pistau/**Pístov**	14			
		Martnau/ **Martinov**	8	57%
		Wilkowitz/ **Vlkovice**	6	43%
Celkem	**248**		**248**	

V rámci výzkumného procesu došlo k odhalení 322 emigrantů z farností na území obcí Teplá a Mariánské Lázně, kteří nepocházejí z žádné z pěti farností zahrnutých do studie. V následující tabulce je uvedeno 48 farností, které nebyly součástí této studie, a počet vystěhovalců z nich pocházející.

Rozložení emigrantů dle farností mimo rámec studie

Název farnosti	Počet emigrantů
Albersdörfer Brand/**Milíře**	6
Auherzen/**Úherce**	11
Auschowitz/**Úšovice**	4
Bleistadt/**Oloví**	3
Maria Kulm/**Chlum sv. Maří**	27
Chodau/**Chodov**	7
Donawitz/**Stanovice**	2
Elbogen/**Loket**	2
Falkenau/**Sokolov**	1
Frohnau/**Vranov**	7
Girsch/**Krsy**	7
Gossengrün/**Krajková**	1
Graslitz/**Kraslice**	13
Habersbirk/**Habartov**	1
Heiligenkreuz/**Chodský Újezd**	6
Hohen-Zetish/**Vysoké Sedliště**	18
Kapsch/**Skapce**	2
Kirchenbirk/**Kostelní Bříza**	5
Königsberg/**Kynšperk nad Ohří**	2
Kosolup/**Kozolupy**	8
Kostelzen/**Kostelec**	7
Kumerau/**Komárov**	2
Landek/**Otročín**	2
Lanz/**Lomnice**	5
Leskau/**Lestkov**	18
Lobs/**Lobzy**	6
Marienbad/**Mariánské Lázně**	9
Neudek/**Nejdek**	1
Neudorf/**Nová Ves**	13
Neudorf/**Trstěnice**	4
Ober Kozolup/**Horní Kozolupy**	8
Ober-Sekerschan/**Horní Sekyřany**	2
Ottenreuth/**Otín**	15

Název farnosti	Počet emigrantů
Pfraumberg/**Přimda**	6
Pilsen/**Plzeň**	1
Prostibor/**Prostiboř**	4
Punnau/**Boněnov**	4
Sankt Adalbert/**Svatý Vojěch**	19
Schönwald/**Lesná**	6
Tachau/**Tachov**	6
Tepl Stift/**Teplá Klášter**	3
Theusing/**Toužim**	8
Trinkseifen/**Rudné**	7
Tschernoschin/**Černošín**	2
Tutz/**Dubec**	18
Unter Jammy/**Dolní Jamné**	1
Welperschitz/**Erpužice**	9
Witschin/**Vidžín**	3
Celkem	**322**

Nad rámec farností, které byly součástí studie, bylo tedy identifikováno 322 čili 56 % osob pocházejících z jiných farností.

Shrnutí poznatků

Vlna imigrace do okresu Calumet County ve státě Wisconsin z oblasti obcí Teplá a Mariánské Lázně v západních Čechách začala v první polovině 50. let 19. století. Čeští Němci se usídlovali na území dnešního Charlesburgu a jeho okolí ve městě a postupně se populace rozšiřovala i do dalších oblastí okresu Calumet County. V rámci výzkumu došlo k následujícímu zjištění:

- 44 % emigrantů pochází z obcí, které se nacházejí na území pěti farností vytyčených v rámci studie.
- 56 % emigrantů pochází z dalších farností v oblasti Teplé a Mariánských Lázní, které nebyly v rámci studie vytyčeny.

Potřeba dalšího výzkumu

- Pokračovat ve výzkumu a v rámci rozšiřování on-line databází archivních dokumentů státních a oblastních archivů České republiky, získat přístup k původním záznamům o narození a/nebo křtu dle toho, jak budou postupně digitalizovány pro veřejnost.
- Rozšířit Výzkumnou studii imigrace do okresu Calumet County tak, aby zahrnovala i 48 farností v katastrálním území Teplé a Mariánských Lázní, které původně nebyly v rámci studie zkoumány.
- Rozšířit místní kroniky a publikace o historii obcí, které jsou uvedeny v Části II této knihy, o historickou literaturu a kroniky obcí spadající pod farnosti, které původně neby-ly součástí této studie.

Shrnutí

Mnozí potomci českých Němců z okresu Calumet County ve státě Wisconsin jsou toho názoru, že mají kořeny v Německu, stejně jako se léta tradovalo i v mé vlastní rodině, prostě proto, že tomu naše rodiny věřily. Naši předkové skutečně patřili mezi německy hovořící obyvatelstvo. Nicméně Německo jako stát neexistovalo do roku 1871. Neměli jsme možnost správně identifikovat zemi našich předků, dokud nedošlo ke zpřístupnění záznamů z knih narozených a/nebo pokřtěných on-line. Výsledky výzkumu je třeba předat potomkům českých Němců v okrese Calumet County, jejichž kořeny sahají do oblastí Teplé a Mariánských Lázní. Je dost dobře možné, že ve světle závěrů této studie bude třeba některé rodinné i místní kroniky rozšířit či přepsat.

Místní názvy a zkratky

Místa posledního odpočinku ve spojených státech a okresy vybraných států USA:

California = CA

Iowa-Delaware = IA-D
Iowa-Harrison = IA-HR
Iowa-Palo Alto = IA-PA
Iowa-Shelby = IA-S
Iowa-Story = IA-St

Illinois = IL

Indiana = IN

Kansas = KS

Massachusetts = MA

Missouri = MO

Minnesota-Benton = MN-Be
Minnesota-Brown = MN-B
Minnesota-Cottonwood = MN-C
Minnesota-Hubbard = MN-H
Minnesota-Nicollet = MN-N
Minnesota-Ramsey = MN-RA
Minnesota-Redwood = MN-RW
Minnesota-Renville = MN-RN
Minnesota-Rice = MN-R
Minnesota-Stearns = MN-S
Minnesota-Traverse = MN-TR
Minnesota-Wilkin = MN-WL

Nebraska = NE

North Dakota = ND

New Jersey = NJ

New York = NY

Ohio = OH

Oregon = OR

Pennsylvania = PA

South Dakota = SD

Washington = WA

Wisconsin-Barron = WI-B
Wisconsin-Brown = WI-BR
Wisconsin-Calumet = WI-C
Wisconsin-Clark = WI-Cl
Wisconsin-Dodge = WI-D
Wisconsin-Door = WI-DR
Wisconsin-Fond du Lac = WI-FDL
Wisconsin-Jackson = WI-J
Wisconsin-Manitowoc = WI-Mw
Wisconsin-Marathon = WI-Mar
Wisconsin-Milwaukee = WI-M
Wisconsin-Outagamie = WI-O
Wisconsin-Ozaukee = WI-OZ
Wisconsin-Racine = WI-R
Wisconsin-Shawano = WI-SH
Wisconsin-Sheboygan = WI-S
Wisconsin-Washington = WI-WA
Wisconsin-Winnebago = WIN
Wisconsin-Wood = WI-W

Canada = CAN

Typy záznamů:
B = záznam o křtu
MARR = záznam o sňatku
TBV = bude ověřeno

Zvláštní označení:
Bef = před
Abt = přibližně
Aft = po
* jméno = daná osoba vstoupila více
    krát do manželství
** jméno = daná osoba cestovala
    vícekrát do USA

Vlna imigrace od roku 1850 z oblasti Teplé v Čechách a z okolních území do Calumet County ve státě Wisconsin v USA
– Výzkumná studie –

Příjezd do U.S.A.	Jméno	Narozen(a)/Křtěn(a)	Číslo popisné	Manžel/ka	Úmrtí	Pohřben/a	Typ záznamu
FARNOST – Mnichov / Einsiedl							
Cihaná / Kschiha							
31. srpna 1855	Leitnerová, Elizabeth	21. března 1837	36	Frank Wettstein	10. března 1905	WI-C	B
1. září 1855	Leitner, Engelbert	8. října 1836	15	Theresa Nadlerová	24. března 1916	WI-C	B
1. září 1855	Neubauerová, Anna	25. května 1855	32		2. června 1885	WI-C	B
1. září 1855	Neubauer, Raymond	16. září 1821	23	Theresia Lodesová	28. května 1866	WI-FDL	B
1. září 1855	Neubauerová, Teresia	30. srpna 1852	32				B
21. srpna 1856	David, Anton	2. února 1855	28		27. dubna 1914	WI-CJ	B
21. srpna 1856	David, Michael	3. října 1849	28		29. října 1923	WI-C	B
21. srpna 1856	David, Wenzel	6. července 1849	35	Theresia Pichlová	23. prosince 1920	WI-C	B
21. srpna 1856	*David, Wenzel	6. července 1819	35	Chatrina Bauerová	23. prosince 1910	WI-C	B
21. srpna 1856	Egererová, Anna Maria	2. září 1803	22	Franz Anton Lenz	1879		B
21. srpna 1856	*Egererová, Anna Maria	2. září 1803	22	Norbert Kutzer	1879		B
21. srpna 1856	Hammer, Frank Joseph	15. září 1831	07	Franziska Schrecková	1. července 1896	WI-C	B
21. srpna 1856	Pichlová, Theresia	10. září 1814	15	Wenzel David	Bef 1860		B
21. srpna 1856	*Pichlová, Theresia	10. září 1814	15	Norbert Leitner	Bef 1860		B
Bef 1864	Schmidtová, Elizabeth	27. ledna 1845	31	Ferdinand Schott	1914	WI-C	B
15. srpna 1867	Hammerová, Franziska	6. července 1837	07	Wendelin Miller	Bef 1880		B
23. května 1870	David, Raimund	1. prosince 1814	20	Anna Niemcchlová			B
23. května 1870	Lenz, Wenzel	3. června 1808	18	Barbara Hackerová	16. září 1897	WI-C	B
Mnichov / Einsiedl							
31. ledna 1837	Zitterbart, Fidelis	20. dubna 1804	002	Frederica Olnhausenová	1887	PA	B
13. září 1852	Zitterbart, Louis	9. ledna 1838	030	Philomina Kellerová	6. srpna 1899	PA	B
29. října 1853	Utschig, Johann	29. prosince 1799	008	Maria Elisabeth Schickerová			B

listopad 1853	Schurwonová, Toletta	13. června 1812	107	Rochus Zitterbart	1895	PA	B
listopad 1853	Zitterbartová, Anna	2. ledna 1848	018		1929		B
listopad 1853	Zitterbartová, Catherine	19. července 1850	100				B
listopad 1853	Zitterbart, Rochus	18. července 1810	002	Toletta Schurwonová	13. ledna 1894	PA	B
30. července 1855	Christelová, Amalia	6. dubna 1849	016	Norbert Christoph Christl	1. listopadu 1902	WI-Mw	B
30. července 1855	Christl, Adolph	4. ledna 1850	127		30. ledna 1882		B
30. července 1855	Christlová, Augusta	3. října 1840	127	Peter Hartman	6. dubna 1915	WI-Mw	B
30. července 1855	Christlová, Ernestine	21. března 1832	016	Joseph Loeb	Bef 1900		B
30. července 1855	Christl, Johann	10. srpna 1843	127		12. června 1886	WI-M	B
30. července 1855	Christl, Karl B.	8. května 1847	127		8. prosince 1924	WI-M	B
30. července 1855	Christl, Louis Melchior	5. ledna 1855	127		27. dubna 1929	MN-Be	B
30. července 1855	Christl, Norbert Christoph	25. července 1811	127	Maria Anna Amalia Ziedlerová	1. dubna 1897	WI-Mw	B
30. července 1855	*Christl, Norbert Christoph	25. července 1811	127	Amalia Christelová	1. dubna 1897	WI-Mw	B
30. července 1855	Christl, Richard F.	7. února 1842	127		23. března 1925	WI-Mw	B
30. července 1855	Christl, Theodore Isador F.	28. února 1845	127		23. listopadu 1937	MN-Be	B
30. července 1855	Christl, Wendel	9. prosince 1851	127		2. listopadu 1922	WI-Mw	B
30. července 1855	Groeschlová, Anna	3. srpna 1851	109		3. července 1890	WI-C	B
30. července 1855	Groeschlová, Franziska	9. června 1854	107				B
30. července 1855	Groeschl, Johann	20. června 1823	109	Thekla Zuckerová	12. června 1873	WI-C	B
30. července 1855	Tremlová, Ludmilla	27. ledna 1832	061		9. ledna 1923	IA-St	B
30. července 1855	Utschig, Albert	21. října 1830	030	Anna Klapperichová	1. dubna 1911	WI-C	B
30. července 1855	Utschig, srpna	19. května 1828	030	Catharine Nettová	5. dubna 1903	WI-	B
30. července 1855	Zuckerová, Thekla	5. srpna 1826	048	Johann Groeschl	17. ledna 1899	WI-C	B
1. září 1855	Loeb, Joseph	1. ledna 1827		Ernestine Christlová	12. března 1867	WI-Mw	TBV
Bef 1860	Christlová, Maria			Peter Hartman	30. září 1860	WI-Mw	TBV
30. srpna 1867	Christlová, Veronica	26. listopadu 1864	006		1867		B
30. srpna 1867	Christl, Wilhelm	21. prosince 1865	030		4. dubna 1868	WI-Mw	B
30. srpna 1867	Rudrichová, Theresia	20. září 1840	076				B
Abt 1869	Groeschlová, Theresia	7. února 1848	109	Anton Broeckel	25. srpna 1923	WI-C	B
Abt 1889	Pimpl, Karl	25. března 1879		Joseph Christl	27. května 1946	MN-S	TBV
Abt 1889	Pimpl, Wendelin	26. října 1884			15. září 1961	MN-S	TBV

Popovice / Pfaffengrün

25. srpna 1906	Korn, Anton	27. března 1880	08				B

Sitiny / Rauschenbach

14. září 1854	Nadlerová, Katharina	6. listopadu 1816	26	Anton Pimpl	7. května 1891	WI-M	B
Bef 1864	Schmidt, John	5. března 1802	12	Franziska Wurtingerová	15. října 1879	WI-Mw	B
Bef 1864	Wurtingerová, Franziska	14. února 1815	29	John Schmidt	26. dubna 1891	WI-Mw	B
23. května 1870	David, Engelbert	15. května 1844	16		1. března 1899	MO	B
23. května 1870	David, Siard	25. července 1853	16		2. prosince 1906	MO	B
23. května 1870	David, Stephan	21. března 1847	16		1. října 1902	MO	B
23. května 1870	David, Wendelin	1. prosince 1848	16		5. ledna 1903	MO	B
23. května 1870	Niemochlová, Anna	28. června 1821	16	Raimund David			B

FARNOST – Ovesné Kladruby / Habakladrau

Milhostov / Müllestau

Abt 1855	Wurtingerová, Katharina	25. února 1814	13	Raimund Pimpl	22. března 1895	IA-S	B
18. června 1889	Windirschová, Mary	13. září 1845	01	Mathias Joseph Windirsch	21. září 1910	WI-C	B
18. června 1889	Windirsch, Mathias Joseph	20. listopadu 1840	06	Mary Windirschová	listopadu 1923	WI-C	B
18. června 1889	Windirschová, Therese	17. října 1867	01	Jacob Hansen	27. června 1940	WI-C	TBV
Abt 1894	Huttl, Franz Josef	13. ledna 1860	05	Maria Denková			MARR

Ovesné Kladruby / Habakladrau

1. září 1855	Lodesová, Anna	14. listopadu 1804	24	Joseph Anton Rummer	21. května 1881	WI-C	B
1. září 1855	Rummer, Joseph Anton	5. února 1807	07	Anna Lodesová	27. října 1895	WI-C	B
1. září 1855	Rummerová, Margaretha	10. května 1842	68	Maximilian Hiederer	22. prosince 1925	WI-C	B
1. září 1855	Rummerová, Maria	1. listopadu 1843	68	Peter Lotzer	19. prosince 1872	WI-C	B
1. září 1855	Rummerová, Theresia	20. května 1846	68	Anton Kocher	11. ledna 1937	WI-C	B
6. srpna 1856	Popová, Katharina	10. listopadu 1788	33	Raimund Steiner			B
21. srpna 1856	Neubauer, Michael	24. března 1824	31				
21. srpna 1856	Pop, Ferdinand	16. února 1840		Anna Kiesnerová	8. ledna 1923	WI-C	TBV
21. srpna 1856	Pop, John	20. června 1816	33	Katharina Weberová	26. května 1892	WI-C	B
21. srpna 1856	Pop, Joseph	30. prosince 1841	33		2. února 1903	WI-C	B
21. srpna 1856	Popová, Theresa	3. května 1844	33	Ferdinand Lodes	30. října 1903	WI-C	B
21. srpna 1856	Rosner, Albert	10. července 1802	25	Anna Maria Turbaová	30. října 1921	WI-C	B
21. srpna 1856	Rosner, Engelbert	2. března 1838	25				
21. srpna 1856	Schneiderová, Theresa	27. března 1809	30	Michael Turba	8. srpna 1893	WI-C	B
21. srpna 1856	Turba, Anton	27. listopadu 1834	08	Elisabeth Reinlová	8. prosince 1922	WI-C	B
21. srpna 1856	Turbaová, Frances	20. prosince 1842	08		30. října 1925	WI-C	B
21. srpna 1856	Turbaová, Mary Anna	16. února 1846	08	Joseph Michael Gubka	20. ledna 1919	SD	B

21. srpna 1856	Turba, Michael	5. září 1807	08	14. září 1896	Theresa Schneiderová	WI-C	B
21. srpna 1856	Turbaová, Theresa	26. dubna 1837	08	17. září 1923		WI-C	B
27. září 1856	Hanika, Herman Joseph	12. července 1829	32	12. května 1927	Catherine Loeschová	NE	B
18. června 1868	Kogererová, Fransiska	1. prosince 1825	59	5. července 1891	Joseph Rott	WI-C	B
18. června 1868	Rott, Anton	22. května 1863	59	17. června 1940	Anna Maria Wettsteinová	WI-C	B
18. června 1868	*Rott, Anton	22. května 1863	59	17. června 1940	Theresa Wettsteinová	WI-C	B
18. června 1868	Rott, Franz Josef	27. ledna 1857	59	13. srpna 1913	Elizabeth Kuehnlová	WI-C	B
18. června 1868	Rott, Joseph	6. ledna 1843	07	1. ledna 1888	Fransiska Kogererová	WI-C	B
12. června 1873	Lodesová, Margaret Mary	28. října 1871	07	11. prosince 1958		IA-PA	B
30. prosince 1874	Lodes, Franz Josef	1. října 1872	36				B
30. prosince 1874	Lodesová, Theresa	19. ledna 1866	36	19. února 1952	Engelbert Miller	WI-C	B
30. prosince 1874	Lodes, Wenzel	2. března 1807	24	5. prosince 1890	Anna Maria Wurdingerová	WI-C	B
30. prosince 1874	*Lodes, Wenzel	2. března 1807	24	5. prosince 1890	Anna Schusserová	WI-C	B
30. prosince 1874	Schusserová, Anna	28. července 1815	51	15. srpna 1888	Wenzel Lodes	WI-C	B
říjen 1911	Hammer, Aegidius	3. března 1902		1. června 1944		WI-C	TBV
říjen 1911	Hammer, John	26. listopadu 1903		19. ledna 1989		CA	TBV
říjen 1911	Hammerová, Mary	26. dubna 1907		7. června 1986		WI-S	TBV
říjen 1911	Hammer, Richard	15. července 1910		7. srpna 1989		WI-C	TBV
říjen 1911	Kogererová, Albina	10. května 1873	55	14. prosince 1961	Michael Hammer	WI-C	B
26. srpna 1913	Degl, Frank	11. září 1891	61	8. října 1956		WI-C	B
Bef 1954	Rottová, Theresia	8. července 1926		prosinec 2006		NY	TBV
Bef 1989	Steidl, Albert	27. října 1917	67	5. srpna 1989			B
Výškovice / Wischowitz							
6. srpna 1856	Gintnerová, Maria Anna	3. prosince 1820	15	22. března 1889	Adalbert Steiner	WI-C	B
7. srpna 1867	Nadler, Andreas	16. listopadu 1832	12	29. srpna 1913	Theresia Buchtingerová	WI-C	B
7. srpna 1867	Nadlerová, Josepha Sophia	8. dubna 1859	12	29. července 1939		WI-C	TBV
7. srpna 1867	Nadlerová, Theresia	22. června 1861	12	16. března 1887		WI-C	TBV
18. června 1868	Gintnerová, Frances Maria	25. září 1859	15	27. ledna 1906	Herman Muller	WI-C	B
18. června 1868	*Gintnerová, Frances Maria	25. září 1859	15	27. ledna 1906	George Apfelbacher	WI-C	B
červen 1869	Zepnicková, Anna	28. dubna 1862	04	29. září 1936		WI-OZ	TBV
červen 1869	Zepnicková, Franziska	23. března 1866	04	20. března 1928		WI-C	TBV
Vysočany / Wischezahn							
6. srpna 1856	Schmidt, Franz J.	15. dubna 1853	15				B
6. srpna 1856	Schmidt, Henry Englebert	14. prosince 1844	15	14. dubna 1929	Frances Barbara Johnsonová	WA	TBV

6. srpna 1856	Steiner, Adalbert	20. října 1815	15	Maria Anna Gintnerová	30. listopadu 1906	WI-C	B
6. srpna 1856	Steiner, Anton	4. listopadu 1840	10	Magdalena Boulanderová	11. července 1909	WI-C	B
6. srpna 1856	Steiner, Frank Joseph	25. října 1851	10	Gertrude Franzenová	30. května 1902	WI-C	B
6. srpna 1856	Steiner, Raimund	7. října 1789	15	Katharina Popová	16. září 1867	WI-	B
6. srpna 1856	Steinerová, Teresa	8. září 1848	10	John Daun	7. ledna 1918	WI-C	B
červen 1869	Zepnick, Wenzel	24. října 1864	04		1937	WI-O	TBV
12. června 1873	Lodes, Anton Frederick	26. prosince 1866	14	Anna S. Casperová	1940	WI-WA	B
12. června 1873	*Lodes, Anton Frederick	26. prosince 1866	14	Mabel M. Groffová	1940	WI-WA	B
12. června 1873	Lodes, Frank Josef	30. května 1869			18. února 1930	CA	TBV
12. června 1873	Steinerová, Anna	18. června 1846	14	Wenzel Lodes	25. listopadu 1899	IA-PA	B
18. dubna 1955	Arbesová, Eleonore	22. dubna 1921	13	Kurt G. Eisen	25. srpna 2005	MN-B	TBV

Záhub / Hohendorf

Abt 1882	Schusser, Joseph	8. října 1873	25		13. listopadu 1939	WI-C	TBV

Závišín / Abaschin

31. srpna 1855	Broeckel, Anton	3. prosince 1845	02	Theresia Groeschlová	12. listopadu 1895	WI-C	B
31. srpna 1855	Denková, Anna Marie	21. ledna 1821	20	Anton Reinl	28. března 1894	WI-C	B
31. srpna 1855	Reinlová, Anna	15. ledna 1854	02	Frank Joseph Nadler	13. května 1937	WI-C	B
31. srpna 1855	Reinlová, Anna Mary	20. prosince 1841	20		7. dubna 1921	SD	B
31. srpna 1855	Reinl, Anton	9. února 1819	03	Anna Marie Denková	18. listopadu 1893	WI-C	B
31. srpna 1855	Reinlová, Elisabeth	23. ledna 1846	04	Anton Turba	16. července 1923	WI-C	B
31. srpna 1855	Reinl, Franz Joseph	11. července 1848	02	Katharina Lerchová	21. dubna 1926	WI-S	B
31. srpna 1855	Reinlová, Franziska	11. září 1851	02	Peter Keuler	6. září 1929	WI-C	B

FARNOST – Pistov / Pistau

Martinov / Martinau

6. srpna 1856	Hiedererová, Anna	23. listopadu 1856	03	Bartholmaeus Roeder	19. března 1922	WI-C	B
6. srpna 1856	Hiedererová, Elisabeth	21. listopadu 1845	03				B
6. srpna 1856	Hiederer, John Anton	6. května 1852	03		20. ledna 1929	OR	B
6. srpna 1856	Hiederer, Joseph Anton	8. listopadu 1796	03	Anna Maria Pfroglerová	1871		B
6. srpna 1856	Hiedererová, Katerina	28. října 1794	03				B
6. srpna 1856	Hiederer, Maximilian	21. dubna 1834	01	Margaretha Rummerová	7. března 1913	WI-C	B

6. srpna 1856	Hiedererová, Theresia	5. listopadu 1839	03	Jacob Kloetsch	12. května 1894	OR	B
6. srpna 1856	Pfroglerová, Anna Maria	18. listopadu 1809	01	Joseph Anton Hiederer	září 1894		B
Vlkovice / Wilkowitz							
1. září 1855	Schmiedlová, Frances	1807		Lawrence Schott	Aft 1880		TBV
1. září 1855	Schott, Englebert	5. listopadu 1844	22	Elizabeth Louise Neughbertová	20. ledna 1905	OR	B
1. září 1855	Schott, Ferdinand	4. ledna 1841	22	Elizabeth Schmidtová	1915	WI-C	B
1. září 1855	Schott, Lawrence	19. listopadu 1802	12	Katharina Watzkaová		MN-R	B
1. září 1855	*Schott, Lawrence	19. listopadu 1802	12	Frances Schmiedlová		WI-C	B
6. srpna 1856	Schmidtová, Elisabeth	18. října 1836	18	Theodore W. Thommes	7. června 1917		B
18. června 1868	Schicker, Anton	10. června 1808	07	Theresia Heidlová	1885		B
FARNOST – Rájov / Royau							
Rájov / Royau							
Abt 1854	Rahmerová, Franziska	14. srpna 1827	34	Raimund Egerer	2. října 1914	WI-C	B
14. září 1854	Egerer, Raimund	3. července 1826	13	Franziska Rahmerová	1. listopadu 1899	WI-C	B
14. září 1854	Fischbachová, Barbora Anna	13. dubna 1823	23	Raymond Lenz	18. října 1886	SD	B
14. září 1854	Hammerová, Marie Anna	6. dubna 1815	08	Raymund Lodes	22. března 1887	WI-C	B
14. září 1854	Lenzová, Anna	20. dubna 1848	46	Jacob Klapperich	11. května 1942	SD	B
14. září 1854	Lenz, Franz Josef	24. prosince 1851	46	Barbora Anna Fischbachová	1854		B
14. září 1854	Lenz, Raymond	5. prosince 1823	46	Balthasar Pimpl	25. prosince 1911	SD	B
14. září 1854	Lodesová, Anna	17. května 1851	08	Theresa Popová	2. února 1940	WI-D	B
14. září 1854	Lodes, Ferdinand	20. května 1842	08		21. června 1907	WI-C	B
14. září 1854	Lodesová, Francesca	19. února 1844	19	Marie Anna Hammerová	24. května 1920	WI-	B
14. září 1854	Lodesová, Mary Paschalis	14. srpna 1847	08	August Nisler	7. února 1879	IL	B
14. září 1854	Lodes, Raymund	30. října 1814	19	Katharina Nadlerová	28. září 1885	WI-C	B
14. září 1854	Lodesová, Theresia	8. prosince 1837	08	Anna Lodesová	13. září 1902	WI-C	B
14. září 1854	Pimpl, Anton	11. června 1809	03		21. června 1871	WI-M	B
14. září 1854	Pimpl, Balthasar	4. ledna 1848	03	Louise Boehmová	16. srpna 1919	WI-D	B
14. září 1854	Pimpl, Ferdinand	1. října 1811	72		19. června 1913		B
14. září 1854	Pimpl, Ferdinand	14. srpna 1843	03	Lambert Hoffman		WI-M	B
14. září 1854	Pimplová, Margaretha	7. února 1851	03		1892		B
14. září 1854	Pimpl, Wendelin	26. června 1838	03			WI-D	B
Abt 1855	Pimplová, Anna	14. dubna 1843	72		21. září 1916	IA-S	B

						WI	B
Abt 1855	Pimpl, Anton	12. ledna 1846	72	Theresa Isoffová	27. prosince 1866	WI-	B
Abt 1855	Pimpl, Mauriz	16. října 1850	72		2. července 1924	IA-S	B
Abt 1855	Pimplová, Theresia	29. září 1849	72				B
Abt 1855	Pimpl, Wendelin	23. července 1852	72	Katharina Wurtingerová	13. října 1946	WI-B	B
červenec 1855	Pimpl, Raimund	5. prosince 1814	72	Teresia Pimplová	21. října 1875	IA-S	B
červenec 1855	*Pimpl, Raimund	5. prosince 1814	72	Bernhard Seichter	21. října 1875	IA-S	B
31. srpna 1855	Egererová, Theresia	25. listopadu 1829	37		18. října 1905	WI-C	B
31. srpna 1855	Fischer, Engelbert	3. března 1853	27				B
31. srpna 1855	Fischer, Ferdinand	6. srpna 1848	27	Theresa Lenzová	1920	WI-C	B
31. srpna 1855	Fischer, Joseph	6. srpna 1825	08	Maria Anna Nadlerová	Aft 1900	WI-C	B
31. srpna 1855	Kutzer, Anton	3. ledna 1835	46	Elizabeth Faulková	3. června 1900	ND	B
31. srpna 1855	Kutzerová, Barbara	23. ledna 1840	46				B
31. srpna 1855	Nadler, Frank Joseph	15. srpna 1853	70	Anna Reinlová	29. září 1934	WI-C	B
31. srpna 1855	Nadler, Franz Joseph	15. října 1816	66	Anna Reinlová	20. listopadu 1894	WI-C	B
31. srpna 1855	Nadler, Johann	27. února 1851	55		11. června 1862	WI-	B
31. srpna 1855	Nadlerová, Maria Anna	23. února 1819	66	Joseph Fischer	9. června 1903	WI-C	B
31. srpna 1855	Schierlová, Franziska	10. března 1835	25	John Peter Kriescher	1871		B
1. září 1855	Leitnerová, Ann	22. května 1851	52		1. února 1924	WI-C	B
1. září 1855	Leitner, Frank	15. října 1853	52	Christine Wicková	15. prosince 1910	WI-C	B
1. září 1855	Leitnerová, Theresa	13. listopadu 1828	52	Engelbert Popp			B
1. září 1855	Leitner, Wenzel	5. října 1821	52	Barbora Poppová	28. dubna 1890	WI-C	B
1. září 1855	Leitnerová, Wilhelmine	1855			Bef 1860		TBV
1. září 1855	Lodesová, Theresia	11. listopadu 1820	19	Raymond Neubauer	2. září 1889	WI-C	B
1. září 1855	Poppová, Barbora	8. října 1825	47	Wenzel Leitner	2. dubna 1899	WI-C	B
1. září 1855	*Poppová, Barbora	8. října 1825	47		2. dubna 1899	WI-C	B
1. září 1855	Popp, Engelbert	21. července 1830	06	Theresa Leitnerová			B
1. září 1855	Poppová, Theresa	21. října 1843	06				B
Abt 1856	Lenzová, Barbara	26. prosince 1838	67				B
Abt 1856	Lenz, Engelbart	5. února 1843	40	Franziska Schierlová	24. listopadu 1893	WI-C	B
Abt 1856	Lenz, Ferdinand	8. ledna 1850	67		12. listopadu 1925	WI-C	B
Abt 1856	Schierlová, Franziska	26. dubna 1812	67	Engelbart Lenz	1877	WI-C	B
Abt 1856	Schierl, Johann	4. dubna 1835	36	Rosina Hohnbergerová	květen 1929	WI-	B
21. srpna 1856	Hammer, Engelbert	27. října 1855	04				B
21. srpna 1856	Kutzerová, Anna	5. ledna 1851	04	Carl Wettstein	16. června 1923	WI-C	B
21. srpna 1856	Kutzer, Norbert	26. června 1803	04	Anna Maria Egererová	5. dubna 1894	WI-C	B
21. srpna 1856	Leitner, Johann Martin	11. dubna 1791	52	Margaritha Denková	1868	WI-C	B
21. srpna 1856	Lenz, Franz Josef	8. ledna 1841	54		1889		B
21. srpna 1856	Lenzová, Theresia	22. ledna 1818	40				B

21. srpna 1856	Schrecková, Franziska	1. března 1835	36	Frank Joseph Hammer	19. března 1917	WI-C	B
21. srpna 1856	Turbaová, Anna Maria	16. června 1809	68	Albert Rosner			B
15. srpna 1867	Miller, Engelbert	14. října 1862	36	Theresa Lodesová	9. července 1922	WI-C	B
15. srpna 1867	Millerová, Theresa	8. února 1861	36				B
15. srpna 1867	Miller, Wendall	12. listopadu 1865	32		27. března 1912	WI-C	B
15. srpna 1867	Miller, Wendelin	10. června 1838	32	Anna Lodesová	20. července 1944	WI-C	B
15. srpna 1867	*Miller, Wendelin	10. června 1838	32	Franziska Hammerová	20. června 1944	WI-C	B
7. prosince 1868	Lenzová, Theresa	23. června 1851	53	Ferdinand Fischer	1934	WI-C	B
7. prosince 1868	Turbaová, Anna	15. prosince 1848	66				B
Bef 1870	Lenz, Anton	15. května 1849	53				B
23. května 1870	David, Moriz	26. února 1861	72		20. března 1909	MO	B
23. května 1870	Davidová, Theresia	14. září 1858	72		16. června 1948	MO	B
23. května 1870	Lenz, Lambert	17. září 1853	74		10. září 1889	MN-N	B
23. května 1870	Lenz, Raymond	27. března 1844	53		1927	WI-C	B
23. května 1870	Lenz, Wenzel	27. září 1846	53				B
16. června 1870	Cardinalová, Theresia	18. ledna 1821	50	Lorenz Zitterbart			B
Abt 1882	Rahmaová, Theresa	25. listopadu 1629	34	Ferdinand Schusser	6. května 1887	WI-C	B
22. května 1882	Egerer, Franz Anton	15. prosince 1823	13		15. ledna 1883	WI-C	B
22. května 1882	Egererová, Maria	5. března 1841	13	Raimund Schierl	11. srpna 1915	WI-C	B
20. května 1882	*Egererová, Maria	5. března 1841	13	Josef Meisel	11. srpna 1915	WI-C	B
20. května 1882	Schierl, Wendelin	2. června 1871	13		19. srpna 1958	WI-C	B
Abt 1889	Pimpl, Wendelin	11. června 1851	26	Anna Roschová	7. března 1920	MN-S	B
11. listopadu 1908	Pimpl, Johann	15. července 1882	08				B
FARNOST – Tepla-město / Tepl Stadt							
Babice / Pobitz							
7. prosince 1868	Lenzová, Anna	27. února 1840	14	Wenzel Lenz	26. dubna 1884	WI-C	B
23. května 1870	Hackerová, Barbara	3. března 1847	14				B
Beranov / Böhmisch Borau							
21. srpna 1856	Weberová, Katharina	26. února 1815	16	John Pop	11. listopadu 1866	WI-	B
Jankovice / Enkengrün							
Abt 1855	Kocherer, Frank Joseph	8. listopadu 1849	18	Josephine Hoffmannová	15. června 1908	WI-Cl	B

Abt 1855	Kogerer, Franz	25. července 1819	18	Margaretha Wankaová			B
Abt 1855	Kogerer, Jacob	1843					TBV
Abt 1855	Kogererová, Josepha	15. dubna 1836	18				B
Abt 1855	Kogererová, Josephine	11. března 1854	18				B
Abt 1855	Kogererová, Theresa	5. října 1847	18				B
Abt 1855	Wankaová, Margaretha	5. ledna 1822	12	Franz Kogerer			B
31. srpna 1855	Kocher, Anton	14. prosince 1830	18	Theresia Rummerová	15. dubna 1907	WI-C	B
23. května 1870	Hohler, Franz Josef	19. března 1822	24	Katharina Egererová			B
Poutnov / Pauten							
21. srpna 1856	Fischerová, Catherine	5. ledna 1839	37	Frank Unger	31. prosince 1873	NY	B
21. srpna 1856	Fischer, Engelbert	5. května 1846	37				B
21. srpna 1856	Fischer, Vincent	8. února 1843	37	Frances Hohlerová	14. července 1890		B
16. června 1870	Zitterbart, Lorenz	24. října 1816	05	Theresia Cardinalová			B
Služetín / Lusading							
31. srpna 1855	Nadlerová, Theresa	30. ledna 1845	24	Engelbert Leitner	31. července 1935	WI-C	B
31. srpna 1855	Reinlová, Anna	3. května 1819	24	Franz Joseph Nadler	12. března 1891	WI-C	B
23. května 1870	Egererová, Katharina	24. listopadu 1826	21	Franz Josef Hohler			B
23. května 1870	Hohler, Franz	1. ledna 1863	21				B
23. května 1870	Hohler, Josef	2. srpna 1853	21				B
22. května 1882	Riedlová, Anna	6. července 1837	05	Adolph Kuehnl	11. srpna 1926	MO	B
5. května 1953	Weberová, Maria	3. února 1925	04		25. ledna 1914	WI-C	TBV
Teplá-město / Tepl Stadt							
Abt 1878	Ertlová, Barbara	16. srpna 1863	078		1940	NE	B
Abt 1883	Ertlová, Bertha	7. března 1876	078		19. června 1925	NE	B
Abt 1884	Ertl, Louis Josef	22. srpna 1871	078		7. listopadu 1960	NE	B
14. listopadu 1895	Ertlová, Aloisa	25. prosince 1878	234				B
Bef 1896	Ertl, Joseph	28. září 1839	078	Franziska Krausová	23. prosince 1896	NE	B
21. dubna 1900	Ertlová, Hedwig	17. října 1877	234				B
21. dubna 1900	Ertl, Heinrich	26. července 1885	234		7. srpna 1939	NY	B
Zvláštní označení:							

| Abt = přibližně |
| Aft = po |
| Bef = před |
| *Jméno = daná osoba vstoupila vícekrát do manželství |
| **Jméno = daná osoba přicestovala vícekrát do USA |

| **Typy záznamů:** |
| B = záznam o křtu |
| MARR = záznam o sňatku |
| TBV = bude ověřeno |

| | | Vlna imigrace od roku 1850 z oblasti Teplé v Čechách a z okolních území do Calumet County ve státě Wisconsin v USA | | | | | |
| | | Další zjištění | | | | | |
Příjezd do U.S.A.	Jméno	Narozen(a)/Křtěn(a)	C. popisné	Manžel/ka	Uunrtí	Pohřben/a	Typ zaznamu
FARNOST – Bonénor / Punnau							
Domaslavičky / Deutsch Thomaschlag							
6. srpna 1856	Heimrathová, Marianna	2. října 1811	7	Jacob Franz Schmidt			B
6. srpna 1856	Schmidt, Jacob Franz	25. července 1800	11	Marianna Heimrathová	8. dubna 1869		B
18. června 1868	Mayerová, Theresia	11. února 1836	16	Michael Schicker	9. října 1899	WI-C	
23. května 1870	Heimrathová, Katherine	22. srpna 1859	7	Joseph Koehler	1. června 1898	WI-C	B
FARNOST – Cernosin / Tschernoschin							
Olbramov / Wolfersdorf							
1. června 1874	Seidlerová, Katharina	19. února 1835	40	Wenzel Gebhart	9. října 1919	ND	B
Abt 1889	Roschová, Anna	30. dubna 1855	12	Wendelin Pimpl	18. dubna 1946	MN-S	B
FARNOST – Chlum Svaté Maří / Maria Kulm							
Boden / Boden							
9. srpna 1881	Deisslerová, Maria Magdalena	29. dubna 1820	38	Georg Michael Vogl	9. listopadu 1885	WI-M	B
Chlum Svaté Maří / Maria Kulm							
Bef 1854	Riedl, Charles	21. září 1845	76				
Bef 1854	Riedl, John	16. října 1805	76	Marie Anna Fischerová	6. února 1860	MA	B
Bef 1854	Riedl, John J.	9. srpna 1835	76		27. února 1899	MA	B
Bef 1854	Riedl, Joseph	8. dubna 1838	65		8. června 1923	MA	B
Bef 1854	Riedlová, Mary	16. února 1840	76		20. dubna 1907	MA	B
Bef 1854	Riedl, Matthew	16. října 1842	76		leden 18?6	MA	B
Bef 1854	Riedl, Michael	20. března 1833	76		4. března 1908	MA	B
Bef 1860	Riedlová, Catherine Helen	17. června 1850	76	Fidelis Zitterbart	26. prosince 1913	PA	B
Bef 1860	Riedlová, Madeline	11. ledna 1848	76		23. ledna 1861	MA	B
Dasnice / Daßnitz							
Bef 1854	Fischerová, Marie Anna	30. dubna 1810	3	John Riedl	24. června 1891	MA	B
Hlavno / Kloben							
18. listopadu 1867	Muehlhaus, Andreas	16. února 1809	34	Marie Katherine Hetzerová	9. března 1876	MA	B
18. listopadu 1867	Muehlhaus, Andrew	11. srpna 1838	34		24. prosince 1905		B
18. listopadu 1867	Muehlhaus, Anton	11. června 1847	34				B

16. listopadu 1867	Muehlhansová, Catherina	5. ledna 1836	Agnes Loebova	34			B
16. listopadu 1867	Muehlhans, Charles	15. března 1850		34			B
16. listopadu 1867	Muehlhans, Frank	1. října 1852		34	4. března 1907		B
16. listopadu 1867	Muehlhans, Wenzel	15. března 1850		34	5. srpna 1911	WI-M	B
23. listopadu 1867	Vogl, Johann	16. února 1847		3	22. února 1907	WI-M	B
Abt 1880	Voglova, Magdalene Margareth	23. února 1844		3	25. srpna 1921	WI-M	B
říen 1880	Vogl, Andreas	16. května 1859		37	10. srpna 1909	WI-M	B
9. srpna 1881	Kuhnlová, Anna	5. prosince 1849	Johann Vogl		24. ledna 1920	WI-Mar	B
9. srpna 1881	Vogl, Christof	9. února 1842	Cecelia Hutterova	37	1922	WI-Mar	B
9. srpna 1881	Vogl, Johann	27. února 1842	Anna Kuhnlova	3	8. února 1916	WI-Mar	B
9. srpna 1881	Voglová, Margareth	28. září 1856		37	5. února 1946	WI-M	B
9. srpna 1881	Voglova, Margarette	23. května 1861		37			B
9. srpna 1881	Voglova, Theresia	12. července 1861		37	8. února 1931		B

FARNOST – Chodov / Chodau

Chodov / Chodan

1. září 1855	Fischer, Anton	4. února 1800	Karolina Schwartlová	0	1864		B
1. září 1855	Fischer, Anton	27. dubna 1840			11. října 1917		TBV
1. září 1855	Fischerova, Barbara	12. května 1842		74	1870		B
1. září 1855	Fischer, Franz Karl	3. července 1837	Anton Fischer	74	9. července 1887	WI-O	B
1. září 1855	Schwartlová, Karolina	12. května 1800	Joseph Anton Stoehr		27. října 1845	WI-SH	MARR
Bef 1860	Fischerová, Anna	16. srpna 1824			7. června 1897		MARR
Bef 1926	Fischerová, Franziska	3. dubna 1831		74	1926		B

FARNOST – Chodský Újezd / Heiligenkreuz

Chodský Újezd / Heiligenkreuz

22. července 1922	Weing, Wenzel	4. května 1895	Louise Rottová	52	4. února 1980	WI-C	B

Neblažov / Glasau

1. června 1874	Gebhart, Adam	11. dubna 1868			4. listopadu 1952	ND	TBV
1. června 1874	Gebhart, Andrew	25. srpna 1862	Anna Olbichová		1922	WI-C	TBV
1. června 1874	Gebhart, Michael	31. srpna 1865			23. listopadu 1941	MN-WL	TBV
1. června 1874	Gebhart, Wenzel	30. prosince 1827	Katharina Seidlerová	1	12. července 1901	ND	B
18. června 1868	Gebhartová, Margaret	3. března 1825	Johann Suttner	1	30. srpna 1861	WT-C	B

FARNOST – Dolní Jamne / Unter-Jamny

Svetce / Schwitz

14. července 1868	Gubka, Joseph Michael	19. ledna 1833	Mary Anna Theresa Turbaova	?	12. března 1925	SD	B

FARNOST – Dubec / Tutz

Bezdekov / Pössigkau

Abt 1865	Martinka, George	10. ledna 1850	38	Barbara L Kachelmeierová	1920	MN-B	B
duben 1866	Zishkaova, Barbara	leden 1816		George Martinka	1902	MN-B	MARR
Abt 1869	Martinkaova, Barbara	5. října 1844	45	John Schottenbauer	prosinec 1876	MN-N	B
Abt 1869	Schottenbauer. George	3. srpna 1865	46		22. unora 1954	MN-RW	B
Abt 1869	Schottenbauer, John	16. ledna 1836	5	Barbara Martinkaová	1. ledna 1918	MN-RW	B
Abt 1869	*Schottenbauer, John	18. ledna 1838	5	Anna Hegertová	1. ledna 1918	MN-RW	B
22. května 1680	Martinka, Wenzel	5. května 1653	45				
květen 1693	Wildová, Mary	10. února 1845	39	Joseph Lang	4. prosince 1909		B

Tremešné / Zemschen

11. května 1866	Buchlová, Elizabeth	9. října 1837	27	Johann Goblirsch	26. dubna 1909	MN-N	B
11. května 1866	Goblirsch, Adam	15. ledna 1862	5		11. dubna 1946	MN-N	B
11. května 1866	Goblirsch, Adam	6. července 1839	5	Margaretha Stadickova	10. září 1908	MN-N	B
11. května 1866	Goblirsch, George	9. května 1867	24		Bef 1880		B
11. května 1866	Goblirsch, Johann	16. září 1835	5	Elizabeth Buchlova	26. unora 1909	MN-N	B
11. května 1866	Goblirsch, John	20. října 1867	5	Anne Muehlbauerová	7. července 1941	MN-RW	B
11. května 1866	Goblirschová, Mary	22. září 1865	38		27. ledna 1937	MN-N	B
11. května 1866	Goblirsch, George Anton	9. ledna 1865	5	Mary Goblirschová	3. dubna 1922	MN-RW	B
11. května 1866	Goblirsch, Margaretha	23. května 1841	38	Adam Goblirsch	15. ledna 1927	MN-N	B
4. června 1869	Stadickova, Joseph John	11. brezna 1831	10	Katherine Marie Schloeglová	1. dubna 1913	MN-B	B
4. června 1860	Schloeglová, Katherine Marie	9. listopadu 1837	25	Joseph John Goblirsch	23. unora 1932	MN-N	B

FARNOST – Erpuzice / Welperschitz

Lomnička / Lomitschka

9. srpna 1873	Hammer, Engelbert	7. dubna 1872	4		19. srpna 1958	WI-FDL	TBV
9. srpna 1873	Hammer, Joseph	1869	6		21. ledna 1931	WI-FDL	TBV
9. srpna 1873	Hammer, Mathias	1837		Katharina Theyerlová	11. května 1898	WI-FDL	TBV
9. srpna 1873	Schroedlová, Kordula	10. prosince 1844	4	Gregor Theyerl	19. brezna 1878		B
9. srpna 1873	Theyerl, Gregor	15. října 1846	6	Kordula Schroedlová	8. unora 1903		B
9. srpna 1873	Theyerl, Joseph	20. unora 1838	6		24. října 1914	WI-FDL	B
9. srpna 1873	Theyerlova, Katharina	19. července 1844	6	Mathias Hammer	10. brezna 1918	WI-FDL	B
9. srpna 1873	Theyerl, Lorenz	28. října 1840			17. dubna 1923	WI-C	TBV
Bef 1880	Theyerl, Anton	31. května 1836	4	Anna Saazerová	30. května 1895		B

FARNOST – Habartov / Habersbirk

Dvory / Meierhöfen

18. listopadu 1867	Hetzerová, Marie Katherine	10. brezna 1844	1	Andreas Muehlhans	18. června 1884		B

FARNOST – Horní Kozolupy / Ober Kozolup

Slavice / Mariafels

Abt 1866	Traegnerová, Anna	4. prosince 1845	44	Katharina Traegnerová	23. května 1924	MN-N	B
Abt 1869	Grosam. George	15. července 1840	21	Katharina Traegnerová	1897	MN-N	B
Abt 1871	Grosam. Johann	5. října 1842	21	Maria Traegnerová	1. unora 1890	MN-N	B

Abt 1861	Traegner, Albert	20. prosince 1852	44	Adam Traegner	23. srpna 1921	MN-N	B
5. srpna 1871	Heyerová, Elisabetha	1849				MN-N	TBV
5. srpna 1871	Traegnerová, Katharina	24. listopadu 1847	44	George Grosam	21. srpna 1923	MN-N	B
5. srpna 1871	Traegnerová, Maria	15. května 1850	44	Johann Grosam	12. brezna 1929	MN-N	B
5. srpna 1871	Traegnerová, Theresia	29. brezna 1858	44		Aft 1868	MN-RN	B
FARNOST – Horní Sekýřany / Ober-Sekerschan							
Dolní Sekýřany / Unter-Sekerschan							
Bef 1939	Tischlerová, Anna	8. ledna 1862		Anton Patz	16. brezna 1939	OH	B
Hermanova Hut / Herrmannshütte							
Bef 1955	Kubicek, Franz	6. zárí 1879		Aloysia Helgertová	5. zárí 1955	WI-M	B
FARNOST – Komárov / Kmmerau							
Lohov / Lohof							
1. zárí 1855	Fuhrová, Frances	7. ríjna 1842	21	Joseph Wettstein	30. brezna 1873	WI-C	B
1. zárí 1855	Wettsteinová, Theresa	31. prosince 1834	21	Peter Joseph Keuler	23. května 1904	WI-C	B
FARNOST – Kostelec / Kostelzen							
Kostelec / Kostelzen							
cerven 1854	Frantaová, Barbara	7. unora 1843	22	Adalbert Steiner	1. dubna 1890	WI-Mw	B
cerven 1854	Steiner, Adalbert	6. ríjna 1810	7	Barbara Frantaová	24. unora 1890	WI-Mw	B
cerven 1854	Steinerová, Anna	31. prosince 1844	30	John Kubnick	27. brezna 1932	WI-Mw	B
cerven 1854	Steinerová, Barbara	20. cervence 1848	30	Carl Forster	26. ledna 1910	MN-B	B
cerven 1854	Steiner, John	16. zárí 1841	30		1914	WI-Mw	B
Abt 1855	Gankaová, Anna	31. cervence 1800	10	Johann Andreas Eigenberger	1855		B
Abt 1855	*Gankaová, Anna	31. cervence 1800	10	Joseph Schaller	1855		B
5. cervna 1867	Dobmerová, Margareta	27. ríjna 1843	1	Joseph Seifert	3. listopadu 1916	MN-B	B
FARNOST – kostelní Bríza / Kirchenbirk							
Rudolec / Ruditzgrün							
22. května 1882	Koehnl, Anton E.	11. ledna 1872	20	Maria Hoerlová	21. cervna 1940	WI-C	B
22. května 1882	Kuehnlová, Elisabeth	20. května 1864	20	Franz Josef Rott	3. května 1920	WI-C	B
22. května 1882	Kuehnl, George	17. srpna 1878			6. dubna 1928	WI-C	TBV
22. května 1882	Kuehnlová, Rose	10. prosince 1860		Michael Saltzer	1939	WI-C	TBV
22. května 1882	Kuehnl, Wenzel	10. května 1869	20		1925	MN-S	B
FARNOST – Kozolupy / Kosolup							
Kozolupy / Kosolup							

31. července 1868	Feyerfeilová, Anna	2. července 1826	29	Andreas Schaffer	12. července 1909	WI-20w	B
31. července 1868	Schafferová, Anna	8. srpna 1861	29				B
31. července 1866	Schafferová, Catherine	8. ledna 1857	29				B
31. července 1866	Schafferová, Elisabeth	26. unora 1866	7		1956	WI-BR	B
31. července 1866	Schaffer, Joseph	12. prosince 1855	29		19. října 1909	MN-C	B
31. července 1868	Schafferová, Mary	16. června 1863	29		13. ledna 1861	WI-20w	B
31. července 1868	Schafferová, Theresa	9. května 1860	29		1948	WI-BR	B
31. července 1866	Schaffer, Wenzel	7. dubna 1856	29				B

FARNOST – Krajková / Gossengrün

Květná / Plumberg

8. září 1873	Doerfnerová, Magdelina	24. června 1827	15	Andreas Wettengel	21. ledna 1878	WI-O	B

FARNOST – Kraslice / Graslitz

Kraslice / Graslitz

2. června 1853	Endersová, Theresa Marie	20. května 1827	12	Frederick Stanek	21. května 1900	PA	B
2. června 1853	Stanek, Andrew	24. května 1852	35				B
2. června 1853	Stanek, Frank	25. října 1848	12		10. října 1907	PA	B
2. června 1853	Stanek, Frederick	10. srpna 1822	204	Theresa Marie Endersová	26. unora 1875	PA	B
2. června 1853	Stanek, Joseph Enders	4. unora 1847	627		4. dubna 1917	PA	B

Krásná / Schönwerth

12. října 1853	Richterová, Elisabetha	1815		Johann Wenzl Riedl	říjen 1853		TBV
12. října 1853	Riedlová, Anna Maria	27. srpna 1832	5		29. září 1921		B
12. října 1853	Riedl, Eduard Christoph	10. května 1844	5		14. března 1890		B
12. října 1853	Riedlová, Elisabetha	14. ledna 1837	5		29. června 1915		B
12. října 1853	Riedlová, Franzka	11. listopadu 1847	5		25. června 1934		B
12. října 1853	Riedl, Johann Wenzl	12. unora 1805	6	Elisabetha Richterová	říjen 1853		B
12. října 1853	Riedl, Johann Wenzl	9. října 1841	5		1867		B
12. října 1853	Riedlová, Maria Magdalena	3. prosince 1834	5		5. ledna 1901		B

FARNOST – Krsy / Girsch

Kejšovice / Geischowitz

Bef 1868	Gubkaová, Theresa	2. listopadu 1844		Wenzel Koehler	2. září 1912	WI-C	TBV
7. prosince 1860	Gubkaová, Barbara	27. března 1852			26. listopadu 1901	SD	TBV
7. prosince 1868	Gubkaová, Katherine	12. června 1842			27. března 1926	WI-C	TBV
Bef 1870	Blurová, Anna Maria	1812		Andreas Gubka	2. unora 1890	WI-C	TBV
Bef 1870	Gubka, Andreas	26. října 1796	17	Anna Maria Blurová	12. května 1870	WI-C	B
Bef 1860	Gubka, Carl	dubna 1847			4. března 1926	MN-TR	TBV

Krsy / Girsch

červen 1869	Zepnick, Joseph	6. června 1808	31	Maria Anna Holtschuhová	19. června 1919	WI-C	B

FARNOST – Kynšperk nad Ohří / Königsberg							
Dvorečky / Krainhof							
27. května 1867	Keilbertová, Francisca	7. dubna 1843	16	Ferdinand Breitfelder	22. června 1923	CA	B
Zlatá / Golddorf							
27. května 1903	Muehlhaus, Joseph	1. února 1879		Marie Elizabeth Theisingerová	6. června 1959	WI-Nw	IBV
FARNOST – Lesná / Schönwald							
Lesná / Schönwald							
22. května 1873	Letz, John Adam	26. února 1840	21	Anna Zeidlerová	9. května 1925	WI-M	B
14. června 1880	Radlová, Catherine	25. listopadu 1853	9	Frank Steiner	17. ledna 1920	MN-RA	B
14. června 1880	Steiner, Frank	6. března 1853	19	Catherine Radlová	18. září 1943	MN-RA	B
14. června 1880	Steiner, George	30. listopadu 1848	57		13. března 1946	MN-RA	B
4. dubna 1884	Steiner, John	12. října 1850	20		4. dubna 1904		B
4. dubna 1884	Steiner, Josef	2. prosince 1866	1		20. listopadu 1931		B
FARNOST – Lestkov / Leskau							
Hanov / Honau							
Abt 1886	Benedichtová, Josephine	10. prosince 1853	1	Karl Benedicht	5. března 1946	IA-HR	B
Kořen / Kurschin							
1. června 1874	Gebhartová, Catharina	20. února 1874	46		16. října 1951	ND	B
27. prosince 1891	Patz, Anton	27. května 1855	5	Anna Tischlerová		OH	B
Lestkov / Leskau							
27. září 1856	Loeschová, Catherine	20. srpna 1835	101	Herman Joseph Hanika	22. ledna 1905	NE	B
31. května 1862	Lotterová, Theresa N.	7. srpna 1865	109		29. ledna 1948	NE	B
23. června 1862	Loesch, John	4. prosince 1854	81		11. září 1920	NE	B
Abt 1885	Benedicht, Karl	1. srpna 1854	41	Josephine Benedichtová	16. února 1932	IA-HR	B
Abt 1886	Benedicht, Joseph John	6. dubna 1865	41		11. ledna 1957	NE	B
Abt 1886	Benedichtová, Rose Margaret	8. března 1878	41		16. srpna 1963	IA-HR	B
8. listopadu 1888	Lotterová, Julie Sophie	20. října 1870	50		25. května 1952	KS	B
červenec 1895	Loeschová, Anna	13. ledna 1839	109	Josef Lotter	25. září 1922		B
červenec 1895	Lotterová, Anna	4. srpna 1872	50		28. dubna 1946	NE	B
červenec 1895	Lotterová, Emilie	11. června 1874	50		2. ledna 1947	NE	B
Bef 1900	Lotter Frank	7. ledna 1867	109				
Vysoké Jamné / Hohen-Jammy							
Abt 1877	Hierathová, Anna Lydia	3. května 1875	5		25. prosince 1954	ND	B

						CA	B
Bef 1876	Utschig, Ludwig	27. června 1845	57		5. února 1876		B
10. února 1882	Popp, Johann Michael	14. listopadu 1857	14		Bef 1910		B
FARNOST – Milíře / Tachauer bzw. Albersdörfer Brand							
Zadní Milíře / Girnbert							
červen 1868	Schifflová, Maria Anna	4. února 1822	3	Michael Zeidler	12. dubna 1886	WI-M	B
červen 1868	Zeidler, Frank William	31. srpna 1847	14	Wilhelmina Teschová	26. února 1916	WI-M	B
červen 1868	Zeidler, Michael	1. ledna 1821	14	Maria Anna Schifflová	24. června 1894	WI-M	B
22. května 1873	Letzová, Catharine	4. ledna 1864	15		16. května 1952	WI-M	B
22. května 1873	Letzová, Maria	10. října 1870	15		4. května 1931	WI-M	B
22. května 1873	Zeidlerová, Anna	20. prosince 1842	3	John Adam Letz	5. května 1930	WI-M	B
FARNOST – Nejdek / Neudek							
Bernov / Bernau							
Abt 1867	Schreiber, Martin	21. října 1833	138	Augusta Wilhelmine Heinzová	2. srpna 1864	WI-SH	B
FARNOST – Nová Ves / Neudorf							
Nová Ves / Neudorf							
8. července 1872	Reichlová, Margaretha	20. května 1854	66		28. dubna 1913	IL	B
31. července 1875	Reichl, George	20. května 1859	66		27. srpna 1889	IL	B
8. května 1878	Bauerová, Katharina	13. března 1835	42		17. prosince 1907	IL	B
8. května 1878	Reichlová, Anna	26. června 1875	66		27. října 1914	IL	B
8. května 1878	Reichl, John	27. února 1868	66		1. července 1927	IL	B
8. května 1878	Reichlová, Maria	7. září 1870	66		26. listopadu 1913		B
8. května 1878	Reichlová, Theresia	23. října 1862	66		5. prosince 1914		B
8. května 1878	Reichl, Wenceslaus	31. srpna 1865	66		1931	IL	B
8. května 1878	Reichl, Wenzl	3. října 1821	66	Katharina Bauerová	15. července 1879	IL	B
4. dubna 1884	Reichlová, Barbara	12. listopadu 1826	66	Joseph Steiner	30. srpna 1927		B
4. dubna 1884	Steinerová, Barbara	17. října 1859	51	John Leibl	24. srpna 1932	WI-M	B
červenec 1896	Bachmann, Joseph Anton	19. srpna 1881			16. června 1949	WI-M	B
16. května 1901	Bachmann, Ferdinand	13. června 1886			17. února 1955	WI-M	B
FARNOST – Oloví / Bleistadt							
Hory / Horn							
7. května 1880	Nickasch, Anton	10. prosince 1862	32	Margaretha Marie Wettengelová	23. února 1949	WI-O	B
23. října 1884	Nickasch, Andrew	18. ledna 1838	32	Margaret Krauseová	1888	WI-O	B
23. října 1884	Nickasch, Joseph	9. června 1870	32		24. listopadu 1950	WI-O	B
FARNOST – Otín / Ottenreuth							
Krínov / Gröna							

Abt 1860	Geblart, Adam	13. července 1833	14	Maria Thurnerová	16. února 1918	WI-C	B
Křiženec / Kiesenreuth							
18. června 1868	Suttner, Andreas	30. října 1834			22. ledna 1937	WI-C	TBV
18. června 1868	Suttner, Anton	13. června 1858			Ref 1938	WI-C	TBV
18. června 1868	Suttner, Johann	24. dubna 1835			9. dubna 1897	WI-C	B
10. června 1866	Suttner, Wenzel	24. listopadu 1860	2	Margaret Geblartová	23. října 1938	WI-C	TBV
2. července 1866	Suttnerová, Anna Maria	11. září 1862	2	Bertha Nislerová	23. listopadu 1961	WI-C	TBV
2. července 1866	Suttnerová, Katharina	26. listopadu 1847	2	Louis Maier	23. srpna 1901	WI-C	B
				Josef Hoerl			
Rešanov / Goldwag							
1. června 1874	Geblart, Martin	24. září 1858	19	Catherine Kernová	3. června 1943	WI-C	B
12. června 1875	Lerchová, Katharina	20. října 1838	17	Franz Joseph Reinl	11. prosince 1906	WI-C	B
12. června 1875	Lerch, Martin	29. září 1834	11	Anna Seidlerová	4. září 1904	ND	B
12. června 1875	Lerchová, Mary	15. srpna 1860	17		5. srpna 1946	ND	B
12. června 1875	Lerch, Michael	24. září 1854	19	Mary Remlová	1936	WI-C	B
12. června 1875	*Lerch, Michael	24. září 1854	19	Elizabeth Suttnerová	1936	WI-C	B
12. června 1875	Lerchová, Theresa	8. června 1866	17		5. března 1933	ND	B
12. června 1875	Seidler, Andreas	12. června 1850	19		30. března 1901	WI-W	B
12. června 1875	Seidlerová, Anna	28. října 1825		Martin Lerch	3. dubna 1910	ND	TBV
12. června 1875	*Seidlerová, Anna	28. října 1825			3. dubna 1910	ND	TBV
FARNOST – Otročín / Landek:							
Otročín / Landek							
21. srpna 1856	Hoblerová, Frances	14. prosince 1811	18	Vincent Fischer	13. listopadu 1896		B
Poseč / Poschitz							
Abt 1866	Heidl, Frank Joseph	7. ledna 1850	4		1921	NJ	B
FARNOST – Plzeň / Pilsen							
Plzeň / Pilsen							
17. srpna 1854	Ceěl, Vincenz	26. září 1823	213	Anna Utschigová			B
FARNOST – Přimda / Pframberg							
Přimda / Pframberg							
6. srpna 1852	Roppertová, Magdalene	1808		Anton Schwind			MARR
6. srpna 1852	Schwind, Anton	18. srpna 1841	103		1936		B
6. srpna 1852	Schwind, Bartel	0. srpna 1837	141				B
6. srpna 1852	Schwindová, Dorothea	5. února 1836	141				B
6. srpna 1852	Schwindová, Johanna	20. prosince 1845	41				B
6. srpna 1852	Schwind, Anton	21. dubna 1810	42	Magdalene Roppertová			B

FARNOST – Prostiboř / Prostiboř

Malechův mlýn / Zapfenmühle

Name							
Lodes, Anton	16. června 1870	12. června 1841	38	Anna Maria Neubauerová	30. listopadu 1893	WI-C	B
Lodes, Wenzel	12. června 1873	10. prosince 1843	38	Anna Steinerová	19. února 1926	IA-PA	B

Mezholezy / Meßhals

| Lodesová, Anna | 30. prosince 1874 | 14. května 1839 | 23 | jméno a příjmení neznáme | 30. ledna 1903 | WI-C | B |
| †Lodesová, Anna | 30. prosince 1874 | 14. května 1839 | 23 | Wendelin Miller | 30. ledna 1903 | WI-C | B |

Tunĕchody / Tünchau

| Wilhelmová, Maria | 1. dubna 1871 | 4. června 1825 | 3 | Anton Sprenger | 5. srpna 1893 | | B |

FARNOST – Radné / Trinkseifen

Vysoká Pec / Hochofen

Noworatchy, Franz	3. července 1854	2. listopadu 1799		Anna Johanna Geva Elsterová	19. září 1874	WI-Nw	TBV
Elsterová, Anna Johanna Geva	6. prosince 1858	23. ledna 1847		Bernhard Schnurr	30. července 1880	WI-Mw	TBV
†Elsterová, Anna Johanna Geva	6. prosince 1858	23. ledna 1847		Franz Noworatchy	30. července 1880	WI-Mw	TBV
Noworatchy, Frank	6. prosince 1858	15. března 1851	78		25. října 1930	WI-O	B
Noworatchy, Joseph	6. prosince 1858	2. září 1854	78		23. listopadu 1941	WI-Nw	B
Schnurr, Adolph	6. prosince 1858	24. září 1858	78		1859	WI-Mw	B
Schnurr, Anton	6. prosince 1858	26. června 1841			8. února 1913	WI-Nw	TBV
Schnurrová, Magdalena	6. prosince 1858	22. července 1836			9. března 1920	WI-Mw	TBV

FARNOST – Skapce / Kapsch

Krtín / Guratin

| Eigenberger, Joseph | Abt 1855 | 15. května 1824 | 11 | Maria Werthanova | 4. listopadu 1888 | IA-D | B |
| Eigenbergerová, Maria | 3. září 1855 | 24. března 1830 | 11 | Peter Sprenzer | 16. července 1884 | | B |

FARNOST – Sokolov / Fallkenau

Svatava / Zwodau

| Voglová, Anne | 9. srpna 1881 | 19. ledna 1879 | 62 | | 1897 | | B |

FARNOST – Stanovice / Donawitz

Dražov / Trossau

| Breitfelder, Ferdinand | 27. května 1867 | 2. února 1834 | 1 | Franciszca Keilberthová | 6. prosince 1895 | IN | B |
| Breitfelder, Franz Joseph | 27. května 1867 | 25. února 1836 | 1 | | 26. května 1911 | OH | B |

FARNOST – Svatý Vojtěch / Sankt Adalbert

Beranovka / Deutsch Borau

18. června 1868	Koehler, Wenzel		Theresa Gublarová	19	9. května 1850	11. února 1921	WI-C	B
18. června 1868	Schuckerová, Anna				1865	1946	WI-O	TBV
18. června 1868	Schuckerová, Margretha			21	16. září 1865	1904	WI-C	B
18. června 1868	Schucker, Michael			21	19. května 1867	14. března 1933	WI-M	B
18. června 1868	Suttnerová, Elizabeth		Michael Lerch	1	10. prosince 1862	1936	WI-C	B
4. června 1869	Koehler, Franz Joseph		Theresa Koehlerová	19	10. srpna 1836	29. srpna 1910	WI-FDL	B
4. června 1869	Koehlerová, Theresia		Franz Joseph Koehler	19	9. ledna 1841	24. února 1913	WI-FDL	B
23. května 1870	Koehlerová, Elizabeth		John Ott	19	14. prosince 1855	15. unora 1924	WI-C	B
23. května 1870	Koehler, Franz Joseph			19	23. května 1855	26. září 1940	WI-C	B
23. května 1870	Koehler, Joseph		Katherine Heinrathová	19	7. října 1818	4. dubna 1908	WI-C	B
20. listopadu 1871	Scherbaumová, Theresa		Wenzel Koehler		25. listopadu 1833	1926	KS	TBV
20. listopadu 1871	Koehlerová, Anna				1862	Aft 1920	KS	TBV
20. listopadu 1871	Koehler, Charles				1864	10. září 1931	KS	TBV
20. listopadu 1871	Koehlerová, Theresa				15. unora 1865	8. června 1947	KS	TBV
20. listopadu 1871	Koehler, Wenzel		Theresa Scherbaumová	19	13. března 1834	16. září 1921	KS	B
Bef 1880	Koehler, Frank			19	7. ledna 1845			B
před 1911	Hammer, Michael		Albina Kozererová	4	3. srpna 1872	26. srpna 1916	WI-C	B

Svatý Vojtěch / Sankt Adalbert

7. srpna 1867	Buchlingerová, Theresia		Andreas Nadler		9. dubna 1836	12. května 1909	WI-C	B
18. června 1868	Taubelová, Anna			13	18. ledna 1866	11. unora 1890	WI-C	B

FARNOST – Tachov / Tachau

Oldřichov / Ullierszeith

20. prosince 1880	Frotschl, Charles				březen 1874			TBV
20. prosince 1880	Frotschl, Georg				1865			TBV
20. prosince 1880	Frotschl, Johann		Marie Knollová	17	9. července 1839	9. ledna 1908		B
20. prosince 1880	Frotschl, Johann				1862			
20. prosince 1880	Frotschlová, Marie				1871			TBV
20. prosince 1880	Knollová, Marie		Johann Frotschl		1841			TBV

FARNOST – Teplá-klášter / Tepl Stift

Pěkovice / Pöken

18. června 1868	Braunová, Elizabeth		Wenzel Taubel	24	9. září 1833	29. července 1912	WI-C	B
18. června 1868	Taubelová, Catherine			20	20. srpna 1829			B
18. června 1868	Taubel, Wenzel		Elizabeth Braunová	20	1. září 1834	19. srpna 1909	WI-C	B

FARNOST – Touzim / Theusing

Sedlo / Satti

1. září 1855	Wettstein, Adrian	20. srpna 1846	21	Catherine Mauerová	4. srpna 1923	WI-FDL	B
1. září 1855	Wettsteinová, Anna	1. listopadu 1839	21	Hubert Guelig	5. září 1872	WI-FDL	B
1. září 1855	Wettstein, Carl	28. února 1844	21	Anna Kutzerová	20. května 1922	WI-C	B
1. září 1855	Wettstein, Edward	22. září 1854	21	Louise Lenzová	3. července 1917	SD	B
1. září 1855	Wettstein, Frank	20. ledna 1837	21	Elizabeth Leitnerová	21. května 1905	WI-C	B
1. září 1855	Wettstein, Joseph	16. listopadu 1840	21	Frances Fuhsová	23. prosince 1886	WI-C	B
1. září 1855	Wettstein, Joseph	13. února 1842	21	Katherine Hoffmannová	8. března 1895	WI-C	B
1. září 1855	Wettstein, Stephan	25. února 1850	21	Anna Maria Mauerová	9. února 1923	WI-C	B

FARNOST – Trstěnice / Neudorf

Trstěnice / Neudorf

4. listopadu 1856	Heimerlová, Elizabeth	21. října 1847	20		15. května 1896	WI-C	B
4. listopadu 1856	Heimerlová, Eva	27. července 1845	20	Lorenz Kobriger	10. ledna 1919	WI-C	B
4. listopadu 1856	Heimerl, John	6. ledna 1853	20	Anna Magdalena Meierová	15. října 1891	WI-C	MARR
4. listopadu 1856	Heimerl, Joseph	15. června 1844		Catherine Riesová		WI-C	MARR

FARNOST – Úherce / Auherzen

Blatnice / Blattnitz

Abt 1861	Plutz, Joseph	22. listopadu 1841	3	Maria Barbara Seidelová	21. března 1911	WI-BR	B
12. září 1863	Felber, Anton	22. dubna 1853	3		1903	WI-Mw	
12. září 1863	Felber, Mathias	března 1828		Maria Plutzová	16. června 1905	WI-Mw	MARR
12. září 1863	Plutzová, Maria	23. října 1829	3	Mathias Felber	29. ledna 1903	WI-Mw	B
6. července 1868	Faberová, Barbara	1836		Johann Plutz	1930	WI-DR	MARR
6. července 1868	+Faberová, Barbara	1836		Anton Petrasek	1930	WI-DR	MARR
6. července 1868	Plutzová, Elizabeth	17. června 1865	27		1. května 1931	WI-DR	B
0. července 1868	Plutz, Johann	3. srpna 1856	3	Barbara Faberová	1926	WI-DR	B
0. července 1868	Plutz, Johann	6. července 1867	37		18. dubna 1931		B
6. července 1868	Plutzová, Margaretha	11. prosince 1847	3		3. června 1927	WI-J	B

Nýřany / Nürschau

Bef 1862	Helgertová, Aloysia	11. října 1886	10	Franz Kubicek	4. ledna 1962	WI-M	B

Úherce / Auherzen

31. července 1868	Schaffer, Andreas	25. ledna 1828	9	Anna Feyerfeilová	21. dubna 1910	WI-Mw	B

FARNOST – Úsovice / Auschowitz

Úsovice / Auschowitz

4. listopadu 1856	Riesová, Catherine	23. února 1819	37	Joseph Heinerl	18. července 1892	WI-FDL	B
16. června 1860	Muller, Sigmund	14. července 1854	51	Annie Koehlerová	20. března 1933	WI-C	B
15. června 1910	++Muller, Sigmund	14. července 1854	51	Annie Koehlerová	20. března 1933	WI-C	B
20. května 1952	Eisen, Helmut Gustav	2. března 1923		Eleonore Arbesová	11. června 2001	MN-H	TBV
16. dubna 1955	Eisen, Kurt G.	27. srpna 1921			18. srpna 2001	MN-B	TBV

FARNOST – Vidžín / Witschin

Dobrá Voda / Dobravod

června 1869	Holtschdová, Maria Anna	18. května 1834	1	Joseph Zepnick	7. září 1870	WI-C	B
června 1869	*Holtschdová, Maria Anna	18. května 1834	1	jméno a příjmení neznámé	7. září 1870	WI-C	B

Nezáchov / Neschikau

16. června 1868	Hiedlová, Theresa	20. října 1844	1	Anton Schicker	21. června 1900	WI-C	B
16. června 1868	Schicker, Michael	15. prosince 1836	1	Theresia Mayerová	21. ledna 1921	WI-C	B
15. června 1910	*Schicker, Michael	15. prosince 1836	1	Theresia Mayerová	21. ledna 1921	WI-C	B

FARNOST – Vranov / Frohnau

Rovná / Ebmeth

Bef 1856	Weiss, Albert	18. února 1846	21		3. dubna 1924	WI-O	B
Bef 1856	Weiss, Erwin Joseph	14. března 1853	21			WI-O	B
Bef 1856	Weiss, Franz Anton	3. ledna 1811		Francisca Renzová	22. září 1897	WI-O	B
Bef 1856	Weissová, Theresa	10. dubna 1842					B
Bef 1870	Weissová, Crescentia	24. března 1808	21	Joseph Anton Dorscher	27. srpna 1895	WI-O	B
15. října 1921	Theisingerová, Marie Elizabeth	20. prosince 1898	38	Joseph Muehlhans	14. prosince 1943	WI-Mw	TBV

Vranov / Frohnau

22. května 1862	kuehnl, Adolph	18. prosince 1836	54	Anna Riedlová	1912	WI-C	B

FARNOST – Vysoké Sedliště / Hohen-Zettlisch

Týnec / Thein

23. dubna 1893	Friedl, Michael	10. srpna 1873	22	Margareta Hedererová	25. května 1939	WI-R	B
Abt 1895	Friedlová, Margaret	21. dubna 1877	22	Frank Aloysius Schimanski	24. října 1970	WI-R	B
Abt 1895	Friedlová, Marr	21. října 1879	22	John Goeser	1. dubna 1956	WI-C	B
10. května 1895	Friedlová, Anna	7. června 1882	22		20. března 1929	WI-R	B
10. května 1895	Friedl, Joseph	30. března 1884	22		1941		B
10. května 1895	Friedl, Matthias	20. září 1841	22	Maria Anna Hoerlová	18. dubna 1925	WI-R	B
10. května 1895	Friedl, Theresa	27. dubna 1889	22	Frank Schneider	21. listopadu 1922	WI-C	B
2. července 1896	Hoerl, Maria Anna	30. května 1849	22	Matthias Friedl	4. června 1926	WI-R	B
2. července 1896	Hoerl, Anna	27. prosince 1881	6				B
2. července 1896	Hoerl, Fredrick	10. ledna 1889	6				B
2. července 1896	Hoerlová, Margaretha	21. února 1891	6				B
2. července 1896	Hoerlová, Maria	22. června 1877	6	Anton F Kuehnl	5. července 1978	WI-M	B
2. července 1896	Hoerlová, Marie	4. dubna 1862	6		1949	WI-C	B
2. července 1896	Hoerl, Michael	29. června 1841	6	Margaret Holleckova	1906	WI-C	B
2. července 1896	Hoerl, Michael	27. listopadu 1883	6		15. dubna 1963	WI-C	B
2. července 1896	Hoerl, Sigmund	9. září 1865	6		5. ledna 1955	WI-S	B
2. července 1896	Hoerl, Wenzel	29. července 1892	6	Angelina Daunová	13. června 1959	WI-C	TBV

2. července 1896	Holleczková, Margaret	20. prosince 1851	18	Michael Hoerl	7. března 1930	WI-C	B

Zvláštní označení:
Abt = přibližně
Aft = po
Bef = před
*Jméno = daná osoba vstoupila vícekrát do manželství
**Jméno = daná osoba cestovala vícekrát do USA

Typy záznamů:
B = záznam o křtu
MARR = záznam o sňatku
TBV = bude ověřeno

Kapitola 5

Závěr

Toto je příběh stovek českých Němců, kteří odešli z oblasti Teplé a Mariánských Lázní na území současné České republiky po roce 1850. Cestovali přes moře a po souši až do okresu Calumet County ve státě Wisconsin. Zakoupili pozemky, vymýtili lesy, aby získali ornou půdu a vystavěli roubené domy. Patří k jedněm z prvních osadníků okresu Calumet County.

V rámci Výzkumné studie imigrace do okresu Calumet County byl zjištěn původ 248 českých Němců z města Town of Brothertown. Došlo k identifikaci i dalších českých Němců, kteří se usadili v

okolních oblastech. Víme, jak se jmenovali. V mnohých přípa-
dech jsme zjistili i jména jejich předků. Jsou k dispozici zdroje, ze
kterých je možno zjistit v jakém socioekonomickém a politickém
kontextu žili lidé, které známe ze stránek obecních kronik českých
Němců.

Možná se nám naskýtá ještě jedna otázka, která zůstala nezod-
povězena: Proč se čeští Němci usadili v okrese Calumet Coun-
ty? Pro odpověď se znovu obracíme na komunitu žijící v Calu-
met County. Článek z roku 1867 z novin *The Chilton Times* uvádí
důvody, které vedly k přílivu českých Němců:

The Chilton Times
27. dubna, 1867, titulní strana

Období emigrace již začalo nabírati na obrátkách a tisíce
lidí již přicestovaly ze starého světa do Spojených států
a další tisíce jsou v tuto chvíli na cestě. Téměř všichni
budou pokračovati na americký Západ, aby zde našli
nový domov. Poměrně rozsáhlý počet se usadil v oblasti
New Holstein v tomto okrese. Z tohoto důvodu bychom
rádi vyzdvihli několikero výhod, kterých se dostane
přišedším i ostatním, pokud se v okresu Calumet Coun-

ty usadí, jelikož jsme toho názoru, že ve státě Wisconsin není jiného okresu, který by mohl emigrantům nabídnouti lepších důvodů, než je ten náš a těžko kdy nastane lepší doba k laciné koupi pozemku, kde bude možno vybudovati základy pro dobře fungující zemědělskou usedlost, než právě v tomto období. Každý kout okresu nyní je propojen silnicemi s prosperujícími trhy a zemědělci tak mohou své výpěstky nabídnouti k prodeji ve městech Fond du Lac, Manitowoc, Sheboygan, Island City, Appleton, či Green Bay – ve kterémkoli se jim zamane. V celém státě není jiného okresu, který by měl ve své blízkosti tolika trhů.

Půda v našem kraji je hluboká, úrodná, vhodná pro zeleninu, díky ní budou zdejší statky žádané a produktivní. V celém státě není místo oplývající lepší vodou – naše čisťounké zurčící potůčky, které z lůna zemského vyvěrají na povrch, už léta obdivují mnozí cestovatelé. Prérie zde nemáme, ale zato zde jsou nádherné lesy složené z tvrdých dřevin. Naleznete zde snad všechny odrůdy dubu, javoru, jilmu a také ořešáky popelavé, třešně a lípu americkou a jelikož na nás z nebeské báně shlíží slunce na své celodenní pouti a také vzhledem k početným pilám a manufakturám v našem okolí, je téměř každičký strom cenný. Máme zde přes deset tisíc obyvatel a těžko byste na našem Západě hledali lépe prosperující, hospodárnější a spokojenější zemědělce.

Nejpozději v horizontu několika let bude okresem přímo procházet železnice spojující Milwaukee s Fox River a my pevně věříme v brzké dokončení železničních tratí Manitowoc a Menasha, které zatím sahají k některým městům na severu našeho okresu, čímž umožní zemědělcům další způsob přepravy svých výpěstků na trhy. Všem, kteří hledají výnosný a příjemný domov, tedy vřele doporučujeme, aby přijeli a na vlastní oči spatřili nejúrodnější okres ve Wisconsinu.[1]

Pro obyvatele okresu Calumet County měla v roce 1867 zdejší komunita osobní hodnotu. Sami se v této oblasti usídlili. Jejich zkušenosti a poznatky nabízí osobní pohled na důvody, které vedly české Němce k tomu, že se usídlili právě zde.

Rozvíjející se populace měla od počátku jasno v čem tkví klíč k úspěchu v této panenské krajině: tvrdá práce, vytrvalost a víra v

---

[1] *"Emigrants," (Emigranti) The Chilton Times (Chilton, Wisconsin), 27. dubna 1867, titulní strana. [přepsala Joan Naomi Steiner, PhD]*

Boha. Příliv českých Němců do okresu Calumet County a jejich vliv na tuto oblast nejlépe shrneme slovy obyvatel okresu Calumet County, z článku v *The Chilton Times* z roku 1869:

„Když zvážíme vše výše uvedené, jsou [čeští Němci] nejčinnější náboženskou kongregací v okrese a z jejich zanícení pro víru, jíž vyznávají, mělo by se poučiti každé sousedství a každý směr víry křesťanské."[2]

---

[2] "The St. Charles Catholic Congregation," *(Katolická kongregace svatého Karla), The Chilton Times (Chilton, Wisconsin), 25.července 1868, titulní strana. [přepsala Joan Naomi Steiner, PhD]*

Ruce Evropanů ruce na stole ve vsi Wischkowitz/Výškovice (Fotografii pořídila Klára Salzmann. "Obnova krajiny česko-rěmeckého pohraničí." Praha: Astron Studio, 2015)

Část II
Zdroje

Kapitola 6

Místní rodinné kroniky a historie oblastí

Bellin, Loretta M., and Terri L. Bellin. *The Family of Joseph Scholz & Theresia Winkler 1800-1988. Rodina Jozefa Scholze a Terezie Winklerové 1800-1988*. Vydáno vlastním nákladem. 1988.

K potomkům rodin českých Němců patří následující: rodiny **Rahmerova** a **Schierlova**, jejichž předci pocházeli z obce **Rájov/Royau**; rodina **Groeschelova** [Groeschl], jejíž předci pocházeli z obce **Mnichov/Einseidl**; rodina **Reinlova**, jejíž předci pocházeli z obce **Závišín/ Abaschin**; a rodina **Steinerova**, jejíž předci pocházeli z obce **Vysočany/Wischezahn**.

Kniha má 202 stran.

Bittner, Bernadette N. and Clarence W. *Heiman Family History 1853-1987. Kronika rodiny Heimanovy 1853- 1987*. Vydáno vlastním nákladem. 1986.

Tato rodinná kronika pojednává o potomcích rodiny **Groeschelovy [Groeschl]**, jejíž předkové pocházeli z obce Mnichov/Einseidl, a o jejím vztahu k rodině Heimanových. V knize je jmenný seznam otců rodin.

Kniha má 144 stran.

Bittner, Bernadette M., and Ottila S. Wettstein. *Leitner-Nadler-Reinl Relatives Bohemia to Wisconsin 1855. Příbuzní rodů Leitnerů, Nadlerů a Reinlů z Čech do Wisconsinu 1855.* Vydáno vlastním nákladem, 1979.

V této kronice jsou uvedeny rodiny, které z Čech do okresu Calumet County ve Wisconsinu odešly jako první. Jednotlivé kapitoly jsou věnovány rodinám těchto mužů: **Engelbart Leitner, Frank Nadler, Anton Reinl** a **Joseph Fischer.** Různé informace zde nalezneme i o rodině **Lodesově** a rodině **Antona Kocherera.** V knize je jmenný seznam otců rodin.

Kniha má 178 stran.

Bittner, Bernadette M., and Ottila S. Wettstein. *The Schwobe Story, Příběh rodu Schwobe.* Vydáno vlastním nákladem, neznámé datum vydání.

Tato kronika vypráví příběhy rodin **Schwobe, Neuber** a **Heckel.** Jsou zde uvedeny i rodiny českých Němců s příjmeními **Egerer, Leitner, Steiner** a **Wettstein.**

Kniha má 214 stran.

Bittner, Bernadette M. *Bodendein/Kutzer Family. Rodina Bodensteinova/Kutzerova.* Vydáno vlastním nákladem, neznámé datum vydání.

Tato kronika je věnována osudům rodiny **Kutzer, Egerer** a **Lenz** z obce **Rájov/Royau.** Jsou zde zahrnuty i různé informace ohledně vlastnictví půdy rodinou Kutzerových.

Brožurka má 25 stran s 10 volně vloženými listy.

Gruber, Elta. *From the main tree, we fly into the future: Daun Family Genealogy, Z hlavního stromu vstříc budoucnosti: Genealogie rodiny Daunovy.* Vydáno vlastním nákladem, neznámé datum vydání.

Detailní popis potomstva Christophera **Dauna** (1803-1888), jehož syn, John Daun (1841-1909) se oženil s dcerou **Adalberta Steinera** Terezou (1848-1918). Součástí knihy jsou nekrology, fotografie a seznam citované literatury.

Kniha má 174 stran.

Kern, John. *A History of the Parish of St. Charles Borromeo from its beginning to 1866 to the Days of its Diamond Jubilee November 4, 1941. Historie farního kostela svatého Karla Boromejského od svých počátků v roce 1866 do oslavy diamantového výročí 4. listopadu, 1941.* Vydáno vlastním nákladem, 1941.

Farnost svatého Karla Boromejského se nachází v části Charlesburg ve městě Town of Brothertown v okrese Calumet County ve Wisconsinu. Historie farnosti spatřila světlo světa z velké části díky českým Němcům, kteří odešli z oblasti Teplé a Mariánských Lázní mezi lety 1850 až 1855. Kniha pojednává o historických počátcích vesnice v roce 1855 a založení prvního kostela v roce 1866. Mezi příjmeními zakládajících rodin nalezneme tato: **Lodes, Nadler, Fischer, Reinl, Lenz, Leitner, Steiner, Kutzer, Wettstein** a **Groeschel**.

Kniha má 89 stran.

Nolan, Leta Anne, editor. *History of Spink County Area: In Celebration of South Dakota's Centennial 1889–1989. Historie okresu Spink County: Oslava stoletého výročí Jižní Dakoty 1889-1989.* Vydáno ve městě Dallas: v nakladatelství Curtis Media Corporation, 1989.

Tato publikace ke stoletému výročí je tematicky zaměřena na historii měst, vesnic, obcí, církví, organizací, spolků, podniků a malých správních obcí v okrese Spink County. Příběhy raných osadníků ilustrují fotografie a biografické přehledy. Za zvláštní pozornost stojí rodina **Lenzova**, která se sem přesunula v roce 1882 z okresu Calumet a Fond du Lac ve státě Wisconsin.

Kniha má 481 stran.

Steil, Russell; Rosalinda Schuller; Jean Reinders; Arnoldt Heldt; and Kay Perry. *Mallard, Iowa 100 Years 1882–1982. 100 let města Mallard ve státě Iowa 1882-1982.* Vydáno vlastním nákladem, 1982.

Kniha ke stoletému výročí popisuje podniky, církve a komunitní organizace v dané oblasti. Z raných osadníků ve státě Wisconsin se do této oblasti ve státě Iowa přestěhovaly rodiny **Lodesova** a **Steinerova**. Krátké životopisné informace jsou často doplněny fotografiemi.

Kniha má 299 stran.

Steiner, Marianne. *The Descendants of Adalbert Steiner and Anna Guentner* [Gintner] *1815-1986. Potomci Adalberta Steinera a Anny Guentnerové 1815-1986.* Vydáno vlastním nákladem. 1986.

> Tato rodinná kronika se točí okolo osudů čtyř dětí **Antona, Terezie, Franze Josepha** a **Johna**, které se narodily **Adalbertu Steinerovi** a **Anně Gintnerové Steinerové**. Součástí je i jmenný seznam a mapy Evropy, okresu Calumet County ve Wisconsinu a jižní Minnesoty.

> Kniha má 499 stran.

Wenig, John, and Jeffrey J. Lisowe. *The Rott Family History, Kronika rodiny Rottovy.* Vydáno vlastním nákladem. 1978.

> Publikace vypráví příběh rodu **Rottů** and **Koegererů**, kteří odešli z obce **Ovesné Kladruby/Habakladrau** a nejprve se usadili ve městě Town of Russel v okrese Sheboygan County a později přesídlili do města the Town of Brothertown. Je zde zmíněna i rodina **Kuehnlova** z obce **Sokolov/Falknau**.

> Brožura má 9 stran.

Wettstein, Ottila. *Applebecker-Boll Families. Rodiny Applebeckerových a Bollových.* Vydáno vlastním nákladem, 1989.

> Franziska **Gintnerová Muellerová** z obce **Výškovice/ Wischkowitcz** se v roce 1870 stala druhou ženou George Applebeckera. Jsou zde detailně popsány děti narozené v tomto manželství.

> Kniha má 40 stran.

Wettstein, Ottila Meyer. *Autobiography Ottila (Tillie) Meyer-Wettstein Siblings and Family. Autobiografie Ottily (Tillie) Meyer- Wettsteinové: sourozenci a rodina.* Vydáno vlastním nákladem, květen 1997.

Ottila Wettsteinová popisuje svůj život a osudy členů své rodiny. Do knihy včlenila fotografie, rodinné historky a úvahy o svém životě. Věnuje se zde také rodinám v sousedství, kde vyrůstala.

Kniha má přibližně 30 stran.

Wettstein, Ottila Meyer. *Mueller-Koehler Families. Rodiny Muellerových a Koehlerových.* Vydáno vlastním nákladem, 1986.

Ottila Wettsteinová píše o svých prarodičích: Sigismundu **Muellerovi** (1854-1933) a Anně **Koehlerové** (1854-1928). Kronika detailně popisuje potomky výše uvedeného páru a jsou v ní zahrnuty nekrology, mapy, fotografie a výstřižky z novin. V příloze je pak uvedena rodina George **Apfelbachera**.

Kniha má 105 stran.

Wettstein, Ottila Meyer. Wettstein's *Austria to America 1855, Volumes I and II. Wettsteinové od Rakouska k Americe 1855,* Díly I a II. Vydáno vlastním nákladem, 1988 a následně došlo v letech 1990 a 1992 ke dvěma reedicím.

Dvoudílná historie rodiny přibližuje osudy **Josepha Wettsteina** a **Franzisky Fuhrmanové** i jejich potomků. Součástí knihy jsou novinové články, fotografie a vysokou informační hodnotu jí dodává rozsáhlý index. Nalezneme zde informace o rodinách českých Němců s příjmeními **Groeschel, Leitner, Mueller, Nadler, Reinl** a **Steiner**.

Díly I a II mají každý 291 stran.

Woelfel, James A. *The Ulrich Woelfel Family History 1845-1995. Kronika rodiny Ulricha Woefela 1845-1995.* Vydáno vlastním nákladem. 1995.

Na konci knihy v seznamu s názvem "Family Index with Relationships" tedy ve jmenném sezamu rodin a vztahů jsou uvedeni potomci rodiny **Schierlových**, jejichž předkové pocházeli z obce **Rájov/Royau** a potomci rodiny **Steinerovy**, jejichž předkové pocházeli **Vysočany/ Wischezahn**. Součástí této kroniky jsou novinové články, fotografie a kopie originálních dokumentů.

Kniha má 307 stran.

Kapitola 7

Video dokumenty pořízené ve farnostech Ovesné Kladruby a Pístov, u Kladrubské kaple a na výstavě Amerického centra při Velvyslanectví USA v Praze

Církevní svátek v Ovesných Kladrubech/Habakladrau, 11. srpna, 2019. V soukromém vlastnictví Joan Naomi Steiner, PhD [ADRE-SA PRO SOUKROMÉ POUŽITÍ] Neenah, Wisconsin, 2019.

Pouť ke svatému Vavřinci v Ovesných Kladrubech je každoroční svátek, do kterého se zapojuje celá vesnice, jsou zde stánky s občerstvením, rukodělnými výrobky, lidové tance i hry pro děti. Ve tři hodiny odpoledne se pak slouží mše ve starobylém farním kostele. Při odchodu z kostela dostávají účastníci mše domácí sladké pečivo.

Mezi rodinami, které odešly od roku 1855 z Ovesných Kladrub/Habakladrau nalezneme tato příjmení **Degl, Hammer, Hanika, Kogerer, Lodes, Neubauer, Pop, Rosner, Rott, Rummer, Schneider, Schusser, Steidl** a **Turba**.

Mezi rodinami, které odešly od roku 1855 z obce Závišín/ Abaschin nalezneme tato příjmení **Denk** a **Reinl**.

Rodina **Schusserova** emigrovala z obce Zádub/Hohendorf v roce 1882.

Z obce Milhostov/ Müllestau odešly od roku 1855 rodiny s příjmeními **Huttl, Windirsch** a **Wurtinger**.

Mezi rodinami, které odešly od roku 1856 z obce Vysočany/ Wischezahn nalezneme tato příjmení **Arbes, Lodes, Schmidt, Steiner** a **Zepnick**.

Rodina **Gintnerova, Nadlerova** a **Zepnickova** odešly z obce Výškovice / Wischkowitz v roce 1856.

Církevní svátek v Pístově/Pistau, 26. srpna, 2019. V soukromém vlastnictví Joan Naomi Steiner, PhD [ADRESA PRO SOUKROMÉ POUŽITÍ] Neenah, Wisconsin, 2019.

Poutní mše v kostele svatého Vavřince v Pístově začíná ve tři hodiny odpoledne a slouží ji opat Filip Lobkowicz z Kláštera Teplá spolu se třemi knězi z Německa. Mše je celebrována v češtině i v němčině. V současné době poutní mši navštěvují čeští obyvatelé Pístova a okolí a také vysídlení Němci se svými potomky. Všichni společně jsou pak zváni rodinou Dr. Špáty z Pístova na kávu a koláče na faře.

Mezi rodinami, které odešly od roku 1856 z obce Martnau/Martinov nalezneme tato příjmení **Hiederer** a **Pfroger**.

Mezi rodinami, které odešly od roku 1855 z obce Wilkowitz/Vlkovice nalezneme tato příjmení **Schicker, Schmidt, Schmiedl** a **Schott**.

Vysvěcení opravené poutní kaple v Kladrubech, 15. srpna 2019. V soukromém vlastnictví Joan Naomi Steiner, PhD [ADRESA PRO SOUKROMÉ POUŽITÍ] Neenah, Wisconsin, 2019.

> Opat Kláštera v Teplé Filip Lobkowicz v rámci mše slavnostně vysvětil kapli v Kladrubech, která prošla v nedávné době opravou. Poutní kaple v Kladrubech se nachází nedaleko kláštera. Vysvěcení, které probíhalo ve venkovních prostorách, přihlíželi místní obyvatelé v hojném počtu.

Americké centrum při Velvyslanectví USA v Praze, Praha, Česká republika, 16. srpna, 2022. V soukromém vlastnictví Joan Naomi Steiner, PhD [ADRESA PRO SOUKROMÉ POUŽITÍ] Neenah, Wisconsin, 2022.

> V roce 2022 zde proběhla výstava s názvem „Identity Transfer across Generations" tedy Přenos identity napříč generacemi, v jejímž rámci bylo představeno pět rodin českých Němců z okresu Calumet County ve státě Wisconsin (**Lenzovi, Lodesovi, Müellerovi, Steinerovi a Wettsteinovi**). Jejich potomci zde vyprávějí příběhy těchto rodin, které se ze západních Čech přestěhovaly do USA v 19. století. Výstava pátrá po tom, jak sami sebe zařadí potomci těchto rodů. Cítí se být Američany? Čechy? Čechoameričany?
>
> Vernisáž výstavy zahájil kulturní atašé Todd Jurkowski spolu s ředitelem Amerického centra při Velvyslanectví USA v Praze Vítem Nejedlem. Vernisáže se účastnili návštěvníci z Německa, České republiky a Spojených států amerických. Výstava uspořádaná v roce 2022 je třetím počinem na téma imigrace českých Němců do okresu Calumet County ve státě Wisconsin – předešlé dvě výstavy se konaly v letech 2020 a 2021 v Americkém centru při Velvyslanectví USA v Praze. Plakátek k výstavě a její popis jsou umístěny na webových stránkách https://www.americkecentrum.cz/en/udalost/identity-transfer-across-generations/.

Kapitola 8

Přeložené knihy

Bartoš, Jaromír. *Okolí Mariánských Lázní na starých pohlednicích. Surroundings of Mariánské Lázně in Vintage Postcards.* Hostivice: Baron. 2013.

Vesnice z Mariánskolázeňska a zejména ty, které byly zničeny během druhé světové války a za sovětské okupace, jsou zde představeny na starých pohlednicích, které sesbíral dobrovolný svazek obcí mikroregionu Mariánskolázeňsko. Každý výjev na pohlednici je opatřen historickým komentářem. Tato 216 stránková kniha je psána v němčině, češtině, ruštině a angličtině.

Rodiny emigrantů pocházely z těchto obcí **Závišín**/Abaschin, **Mnichov**/Einsiedl, **Ovesné Kladruby**/Habakladrau, **Zádub**/Hohendorf, **Martinov**/Martnau, **Milhostov**/Müllestau, **Pístov**/Pistau, **Sítiny**/Rauschenbach, **Vlkovice**/Wilkowitz **a Vysočany**/Wischezahn.

Bartoš. Jaromir. *Mariánské Lázně – Dějiny města v obrazech (Town History in Pictures)*. Blansko: Novatisk, 2018.

Historie Mariánských Lázní od roku 1528 je zde vylíčena skrze fotografie s popisky v češtině, němčině, angličtině a ruštině. Kniha má 143 stran.

Z Mariánských Lázní odešly od roku 1853 rodiny s příjmeními **Cech, Popp** a **Utschig**.

Salzmann, Klára. *Obnova krajiny česko-německého pohraničí (Renewal of Czech-German Border Landscape)*. Prague: Astron Studio, 2015.

Kniha zkoumá obnovu současného českého příhraničí, které bylo zničeno událostmi druhé světové války a následnou okupací vojsky sovětské armády. V roce 2014 byl uspořádán mezinárodní workshop s cílem stanovení řešení situace příhraničních oblastí a obcí jako jsou **Výškovice/Wischkowitz**. Tato ves byla původním domovem rodin **Gintnerů, Nadlerů** a **Zepnicků**.

Projekt získal podporu v rámci Programu přeshraniční spolupráce Česká republika – Svobodný stát Bavorsko, Cíl 3. Tato 201 stránková kniha je psána německy, česky a anglicky.

Kapitola 9

České zdroje: Místní historikové, místní muzea a knihy

Informace o našich předcích z řad českých Němců, kteří kdysi žili u Mariánských Lázní a Teplé, je možno načerpat také od místních historiků, ze zdejších muzeí a díky knihám, které vyšly v češtině. V krátkosti zde uvádím své zkušenosti, které jsem nasbírala při svém výzkumu v naději, že nabídnou dalším zájemcům možnosti, jak se dozvědět více o svých prapředcích, českých Němcích, kteří kdysi obývali území, na němž se dnes rozkládá Česká republika.

Místní historikové

Můj příběh začíná setkáním se starostkou obce Ovesné Kladru-
by/Habakladrau před tím, než se poprvé vydám přímo na místa,
kde žili moji dávní příbuzní. Zajistila jsem, aby mne na setkání
doprovázela tlumočnice Marie Zahnová. Paní starostka Aurelie
Skřivanová nás doprovodila na informacemi nabitou prohlídku
kostela, školy, fary, hřbitova a farnosti. Paní starostka mi také
věnovala knihu, kterou o Ovesných Kladrubech, Vysočanech a
Výškovicích sepsali dva historikové.[1] Kořeny mého rodu v přímé
linii vedou do všech tří zmíněných vesnic.

V roce 2018 jsem se do Ovesných Kladrub vrátila podruhé.
Paní starostka Skřivanová zprostředkovala setkání se Zdeňkem
Buchtelem, jedním z autorů knihy, kterou mi o rok dříve věnovala.
Měla jsem dopředu připravené otázky týkající se vesnic a celé far-
nosti a za přítomnosti tlumočnice jsem vedla s panem historikem
rozhovor. Pan Buchtele mne vyzval k návštěvě expozice míst-
ní historie v Manském Dvoře. Pozval také svoji spolupracovni-
ci Janu Drahokoupilovou, která v té době pracovala pro místní
Mariánskolázeňské Noviny. Pan Buchtele mne provedl svým mu-

---

[1] Zdeněk Buchtele a Richard Švandrlík. Ovesné Kladruby a zaniklé obce
Vysočany a Výškovice. (Planá u Mariánských Lázní: Nakladatelství a vydavatelství
Kňourek, 2012).

zeem, kde jsem se dozvěděla o každodenním životě na vesnicích v pravlasti mých předků a také o tom, jak se měnící politická situace zapsala do dějin této oblasti. Jana Drahokoupilová se mnou vedla rozhovor při obědě v místní restauraci. Její novinový článek čerpá jak z tohoto rozhovoru, tak i ze společné návštěvy muzea.[2]

Strana 3 — MARIÁNSKOLÁZEŇSKÉ NOVINY — 22. červen 2018

ZPRÁVY Z MARIÁNSKÝCH LÁZNÍ

Jak se hledají kořeny rodu. Joan Naomi Steiner je našla nedaleko Mariánských Lázní

Joan Steinerová (uprostřed) se o všechno živě zajímala. Zleva Zdeněk Buchtele, Joan Steinerová s tlumočnicí. Foto: Jana Drahokoupilová

Zastupitelstvo přiklepo organizaci milión, který vedení města původně zamítlo

[2] "Jak se hledají kořeny rodu. Joan Naomi Steiner je našla nedaleko Mariánských Lázní," Mariánskolázeňské Noviny (Mariánskolázeňsko, Česká republika), 22 červen 2018, ročník VI, strana 3.

Jak se hledají kořeny rodu

Joan Naomi Steiner je našla nedaleko Mariánských Lázní

Náhoda tomu chtěla, že Zdeněk Buchtele pozval redakci na setkání s americkou dámou Joan Naomi Maltby Steiner, která v našem regionu hledá kořeny svého rodu. A protože hledá důkladně, chtěla poznat i minimuzeum jmenovaného vlastivědníka na Manském dvoře, aby se lépe orientovala v životě Čechů. Proto se naše setkání uskutečnilo právě tam.

Při zpáteční cestě a zastávce v Dolním Žandově jsem Joan, příjemnou, kontaktní a velmi vitální dámu, která kraj projíždí s tlumočnicí, trochu vyzpovídala.

Amerika je na hledání předků v Čechách trochu z ruky, jak to děláte?

„Musím Vám říct, že jsme všichni mysleli, že naši praprapředkové žili v Německu (nakonec i jméno tomu odpovídalo), teprve nedávno jsem se dozvěděla, že vlastně pocházíme z Čech, a to mě teprve začalo zajímat. Obrátila jsem se přes internet na společnost, která nese název Česko–německá společnost národního dědictví v USA a loni jsem tu právě s touto společností byla poprvé.

Už jsem věděla, že asi pocházíme z okolí Ovesných Kladrub a setkala jsem se s paní starostkou Aurélií Skřivanovou a také s knihou o této obci. Moji předkové pocházejí z obce Vysočany, Adalbert Steiner odešel do Ameriky v roce 1856. (Vysočany zmizely jako mnoho obcí v regionu, zbyl pouze jeden téměř rozpadlý statek, shodou okolností právě ten, který patřil Adalbertu Steinerovi [respektive jeho bratranci], nicméně dnes je prý už téměř opravený). Není bez zajímavosti, že ti, kteří odešli, v Americe postavili úplně novou vesnici „na zelené louce", lépe řečeno doslova urvali pozemky lesům.

Druhá větev Steinerů zůstala v Čechách a paní Joan, která je čtvrtou [třetí] generací narozenou v Americe, našla v Ovesných Kladrubech hrob svého předka Franze Josepha Steinera. Podle jejích slov je nadšená, že Steinerové pocházejí právě odsud, moc se jí tu líbí nejen krajina, ale také vstřícní lidé. Své poznatky i fotografický materiál bude dál pečlivě zpracovávat. Byla jsem moc ráda, že jsem potkala člověka, který pro objasnění svých kořenů je ochoten projet tisíce kilometrů, obětovat nejen čas, ale samozřejmě i nemalé peníze. Těší mě, že ty kořeny našla Joan právě u nás a že jí k tomu všichni ochotně pomohli.[3]

Díky tomuto článku v novinách se o mém výzkumu dozvěděli i místní obyvatelé. Když jsem pak v roce 2019 přijela znovu, byli ochotní se se mnou setkat a pomoci mi pokračovat ve výzkumu. Za vřelé přijetí proto vděčím Janě Drahokoupilové a jejímu článku v novinách, ve kterém představila mne i můj výzkumný záměr v této oblasti. Informace o muzeu naleznete na webové stránce: https://www.infocesko.cz/content/zapadoceske-lazne-krusne-hory-zapad-kultura-muzea-regionalni-mini-museum-mansky-dvur-dolni-zandov.aspx.

---

[3] Marie Zahnová, překladatelka, "Jak se hledají kořeny rodu. Joan Naomi Steiner je našla nedaleko Mariánských Lázní," *Mariánskolázeňské Noviny* (Mariánskolázeňsko, Česká republika), 22 červen 2018, ročník VI, strana 3.

Ve stejném vydání místních novin publikovala Drahokoupilová druhý článek. Rozhovor se Zdeňkem Buchtele.[4]

Rozhovor se týká Buchteleho výzkumných zájmů a jeho celoživotní spolupráce s Ing. Richardem Švandrlíkem.

Strana 7 — MARIÁNSKOLÁZEŇSKÉ NOVINY — 22. červen 2018

BONUSOVÁ PŘÍLOHA – OSOBNOSTI

Zdeněk Buchtele: S Richardem Švandrlíkem jsme psali o všem, co se nám podařilo najít

Mariánskolázeňské listy a posléze noviny využívají už léta články a poznatky o historii zdejšího regionu Zdeňka Buchteleho, je na čase, aby lidé poznali také osobnost tohoto neúnavného vlastivědníka a archeologa.

Žijete ve Velké Hleďsebi od narození? Narodil jsem se v Mariánských Lázních, ale žil jsem v Drmoulu – učení, vojna, po vojně jsem bydlel v Mariánských Lázních a od roku 1980 v Hleďsebi.

Jaké je Vaše civilní povolání? Černé řemeslo (krátce jako zámečník, poté v oblastní PBH v ML jako vodoinstalatér), pak jako údržbář POTRAVINY Cheb. Po roce 1990 jako OSVČ a od r. 2010 v důchodu.

Kdy jste se začal zajímat o historii tohoto kraje, jsou v tom geny? Mamka se zajímala o historii, ale spíše o šlechtické a královské rodokmeny. Možná, že to byl základ pro moji činnost. Mě zaujal spíše praktický život nejen šlechty, ale i obyčejných lidí od pravěku, až do doby středověku. Pro značnou absenci takovýchto zpráv z tohoto období v naší oblasti jsem se začal o tyto příběhy zajímat. Aktivně jsem tak roku 1973, kdy jsem objevil několik pravěkých střepů u dvora Lískovec.

Měl jste nějaký systém v monitorování regionu? Je několik zásadních věcí: v případě zaniklého osídlení je třeba hledat místa, kde je voda, kudy vedly cesty a kde se mohlo hospodařit třeba na malých a drobných plochách. Ve starých soupisech osad a sídel byl také řád. Jednotlivá místa bývala vždy popisována v pořadí za sebou v určitém směru. Dalo se proto usuzovat, že při určité hustotě tehdejšího osídlení, bude v dalším předpokládaném místě možnost objevu další osady. Takže určitý systém mám, ale někdy je to také vyloženo o náhodě a pak se třeba do následné i ten systém využít.

Pokud vím, všechno jste pečlivě zapisoval, měřil, zakresloval. Čeho jste si hlavně všímal? Ano, to je pravda. Někdy kresba je víc než fotografie, obzvlášť, když jsou připojeny rozměry. Udělal jsem mnoho plánků a nákresů různých objevených věcí a objektů. V případě drobných památek to často posloužilo policii, která si u mne vyzvedávala podklady ke ztraceným předmětům, aby mohla následně vyčíslit jejich cenu. Všímal jsem si mnoha poškozených a zničených, kterých mi bylo vždy líto. Často jsem se pokoušel (někdy zbytečně) o jejich záchranu.

S kým jste spolupracoval? Měli jste rozdělené role? Spolupracovníků bylo střídavě více, ale jeden byl „stálý". Od roku 1974, prakticky nepřetržitě jsme spolupracovali. Byl to Ing. Richard Švandrlík. On ekonom, já praktik. On častěji po archivech, já častěji v terénu. A pak jsme psali o všem, co se nám podařilo najít, vzájemně to doplňovali a upravovali.

Ale spolupracoval jste také s Československou akademií věd? O přímou spolupráci nešlo, ale mnoho publikací vydaných ČSAV čerpalo a dodnes čerpá z mých výzkumů a z nimi vydaných zpráv. Po roce 1989 se společnost přejmenovala na „Česká archeologická společnost při ČSAV", kde jsem byl asi do roku 2014.

Vydali jste s panem Švandrlíkem spoustu publikací o regionu, kolik jich bylo? S kolegou Švandrlíkem jsme společně vydali asi 25 publikací a desítky článků, zpráv a informací. Z mé samostatné činnosti uvedu asi 7 vlastních publikací a další desítky článků, hlášenek a zpráv. Vše je o historii regionu kolem Mar. Lázní.

Vím, že máte Mariánskolázeňsko důkladně zmonitorované a také vím, že jste se pokusil zachránit hrad Vildštejn, i když to tenkrát nedopadlo dobře. Nedopadlo to dobře pro naši další činnost, ale dopadlo to dobře pro vlastní hrad. Záchranné práce, které jsme těch pět let na něm prováděli, ho zachránily před zřícením, které mu tehdy podle statika hrozilo takřka ihned. Jeho zkázu jsme tak zažehnali a dneska hrad stojí, a i když je bohužel v soukromých rukou, je přístupný a slouží veřejnosti.

Který byl Váš nejzajímavější nález nebo objev? Jako nejzajímavější nález považuji žulový kámen, nalezený pod kopcem Podhora. Jeho spodní část má tvar srdce, nahoru se mění do tvaru vejce. Oba tvary od sebe odděluje tmavá žilka po celém obvodu. Srdce a vejce byly vždy považovány za symboly života. V horní části je patrný reliéf Krista ze stran obklopený „mandorlou"- jakousi dvojitou svatozáří. V takovéto úpravě můžeme vznik předmětu datovat do období kolem roku 1000. Poté se mandorla už objevuje pouze jako malba na soklech kaplí a kostelů.

Nejzajímavější nález Zdeňka Buchteleho – kultovní kámen s mandorlou, Foto Zdeněk Buchtele

Ještě pokračujete ve svých výpravách? Pokračuji, stále je co objevovat, ale trochu mě přibrzdilo kompletní předělání expozic v muzeu na Manském dvoře, kde už jednotlivé předměty soustředěny k sobě do určitých celků, takže expozice nepůsobí chaoticky. Další „brzdou" jsou roky, které přibývají a poškozených a člověk už se nepohybuje tak čile jako dřív. Mezitím stále píšu o dalších zajímavostech, bylo by škoda, kdyby někam zapadly. V současné době je to historie obce Hamrníky.

Zdeněk Buchtele, Foto Jiří Škroch

(Jana Drahokoupilová)

---

[4] "Zdeněk Buchtele: S Richardem Švandrlíkem jsme psali o všem, co se nám podařilo najít," Mariánskolázeňské Noviny (Mariánskolázeňsko, Česká republika), 22 červen 2018, ročník VI, strana 7.

Zdeněk Buchtele: S Richardem Švandrlíkem jsme psali o všem, co se nám podařilo najít

Mariánskolázeňské listy a posléze noviny využívají už léta články a poznatky o historii zdejšího regionu Zdeňka Buchteleho, je na čase, aby lidé poznali také osobnost tohoto neúnavného vlastivědníka a archeologa.

Žijete ve Velké Hleďsebi od narození?

Narodil jsem se v Mariánských Lázních, ale žil jsem v Drmoulu – učení, vojna, po vojně jsem bydlel v Mariánských Lázních a od roku 1980 v Hleďsebi.

Jaké je Vaše civilní povolání?

Černé řemeslo (krátce jako zámečník, poté u oblastní PBH v ML jako vodoinstalatér), pak jako údržbář POTRAVINY Cheb. Po roce 1990 jako OSVČ a od r. 2010 v důchodu).

Kdy jste se začal zajímat o historii tohoto kraje, jsou v tom geny?

Mamka se zajímala o historii, ale spíše o šlechtické a královské rodokmeny. Možná, že to byl základ pro moji činnost. Mě zaujal spíše praktický život nejen šlechty, ale i obyčejných lidí od pravěku, až do doby středověku. Pro značnou absenci takovýchto zpráv z tohoto období v naší oblasti jsem se začal o tyto příběhy zajímat. Aktivně asi tak po roce 1973, kdy jsem objevil několik pravěkých střepů u dvora Lískovec.

Měl jste nějaký systém v monitorování regionu?

Je několik zásadních věcí: v případě zaniklého osídlení je třeba hledat místa, kde je voda, kudy vedly cesty a kde se mohlo hospodařit třeba na malých a drobných plochách.

Ve starých soupisech osad a sídel byl také řád. Jednotlivá místa bývala vždy popisována v pořadí za sebou v určitém směru. Dalo se proto usuzovat, že při určité hustotě tehdejšího osídlení, bude v dalším předpokládaném místě možnost objevu další osady. Takže určitý systém mám, ale někdy je to také vyloženě o náhodě a pak se třeba dá následně i ten systém využít.

Pokud vím, všechno jste pečlivě zapisoval, měřil, zakresloval. Čeho jste si hlavně všímal?

Ano, to je pravda. Někdy kresba je víc než fotografie, obzvlášť, když jsou připojeny rozměry. Udělal jsem mnoho plánků a nákresů různých objevených věcí a objektů. V případě drobných památek to často posloužilo policii, která si u mne vyzvedávala podklady ke ztraceným předmětům, aby mohla následně vyčíslit jejich cenu. Všímal jsem si hlavně věcí poškozených a zničených, kterých mi bylo vždy líto. Často jsem se pokoušel (někdy zbytečně) o jejich záchranu.

S kým jste spolupracoval? Měli jste rozdělené role?

Spolupracovníků bylo střídavě více, ale jeden byl „stálý". Od roku 1974, prakticky nepřetržitě jsme spolupracovali. Byl to Ing. Richard Švandrlík. On ekonom, já praktik. On častěji po archívech, já častěji v terénu. A pak jsme psali o všem, co se nám podařilo najít, vzájemně to doplňovali a upravovali.

Ale spolupracoval jste také s Československou akademií věd?

O přímou spolupráci nešlo, ale mnoho publikací vydaných ČSAV čerpalo a dodnes čerpá z mých výzkumů a k nim vydaných zpráv. Po roce 1989 se společnost přejmenovala na „Česká archeologická společnost při ČSAV", kde jsem byl asi do roku 2014.

Vydali jste s panem Švandrlíkem spoustu publikací o regionu, kolik jich bylo?

S kolegou Švandrlíkem jsme společně vydali asi 25 publikací a desítky článků, zpráv a informací. Z mé samostatné činnosti uvedu asi 7 vlastních publikací a další desítky článků, hlášenek a zpráv. Vše je o historii regionu kolem Mariánských Lázní.

Vím, že máte Mariánskolázeňsko důkladně zmonitorované a také vím, že jste se pokusil zachránit hrad Vildštejn, i když to tenkrát nedopadlo dobře.

Nedopadlo to dobře pro naši další činnost, ale dopadlo to dobře pro vlastní hrad. Záchranné práce, které jsme těch pět let na něm prováděli, ho zachránily před zřícením, které mu tehdy podle statika hrozilo takřka ihned. Jeho zkázu jsme tak zažehnali a dneska hrad stojí, a i když je bohužel v soukromých rukou, je přístupný a slouží veřejnosti.

Který byl Váš nejzajímavější nález nebo objev?

Jako nejzajímavější nález považuji žulový kámen, nalezený pod kopcem Podhora. Jeho spodní část má tvar srdce, nahoru se mění do tvaru vejce. Oba tvary od sebe odděluje tmavá žilka po celém obvodu. Srdce a vejce byly vždy považovány za symboly života. V horní části je patrný reliéf Krista ze stran obklopený „mandorlou"- jakousi dvojitou svatozáří. V takovéto úpravě můžeme vznik předmětu datovat do období kolem roku 1000. Poté se mandorla už objevuje pouze jako malba na soklech kaplí a kostelů.

Ještě pokračujete ve svých výpravách?

Pokračuji, stále je co objevovat, ale trochu mě přibrzdilo kompletní předělání expozic v muzeu na Manském dvoře, kde už byly jednotlivé předměty soustředěny k sobě do určitých celků, takže expozice nepůsobí chaoticky. Další

„brzdou" jsou roky, které přibývají a člověk už se nepohybuje tak čile jako dřív. Mezi tím stále píšu o dalších zajímavostech, bylo by škoda, kdyby někam zapadly. V současné době je to historie obce Hamrníky.

(Jana Drahokoupilová)[5]

V roce 2021 otevřel Zdeněk Buchtele druhé muzeum. Jeho práce má obrovský význam pro všechny místní obyvatele, kteří se chtějí dozvědět o historii míst, kde žijí a také pro všechny potomky emigrantů z oblasti Mariánských Lázní a Teplé. Vybrané knihy vzešlé ze spolupráce Zdeňka Buchteleho a Ing. Richarda Švandrlíka jsou uvedeny na konci této kapitoly.

Další oblastní muzea v dnešních západních Čechách napomáhají porozumět tomu, jak žili lidé, kteří se přistěhovali do okresu Calumet County. Obzvláště významná z hlediska informací pro mne byla tato muzea:

---

[5] Marie Zahnová, překladatelka, "Zdeněk Buchtele: S Richardem Švandrlíkem jsme psali o všem, co se nám podařilo najít," *Mariánskolázeňské Noviny* (Mariánskolázeňsko, Česká republika), 22 červen 2018, ročník VI, strana 7.

Místní muzea západních Čech

Klášter a muzeum Teplá

Za feudálních časů spravoval Kláštera Teplá panství, pod které historicky spadaly mnohé z domovských vesnic našich předků.[6] Klášter Teplá je v současné době restaurován, poté co dlouhodobě chátral v době přítomnosti sovětských vojsk na českém území, která trvala od roku 1968 do sametové revoluce v roce 1989. *Spolek přátel Kláštera Teplá* je organizace, která s restauračními pracemi pomáhá od roku 1995. Členové spolku pocházejí z Německa, České republiky, Švýcarska, Spojených států amerických a Chile. *Spolek přátel Kláštera Teplá* se věnuje jak materiální, tak i duchovní obnově Kláštera Teplá. Důležitým aspektem činnosti *Spolku přátel Kláštera Teplá* je setkávání lidí z obou stran hranice. O jejich úsilí věnované rekonstrukci si můžete přečíst více na https://www.freunde-stift-tepl.eu/.

Prohlídku Kláštera Teplá je možno absolvovat v celé řadě světových jazyků; včetně angličtiny. Součástí prohlídky, která návštěvníky seznamuje s dlouhou historií kláštera sahající až do roku 1193, jsou i prostory muzea. V návštěvnickém centru jsou k zakoupení pohlednice a drobné publikace o klášteře v anglickém jazyce.

---

[6] František Palacký, Popis Královstwí českého, čili, Podrobné poznamenání všech. (1948), 402-403.

Původní klášterní stáje, které později sloužily jako kasárna vojsk sovětské armády, jsou v současné době přeměněny na hotel. V restauraci jsou k dostání obědy a večeře. Tento hotel je vhodný pro genealogy, kteří mají v úmyslu k bádání využít klášterní knihovnu a prozkoumat vesnice v okolí. Do knihovny je třeba se objednat s velkým předstihem. Webové stránky hotelu mají následující adresu: https://hotelklastertepla.cz/.

Městské muzeum Mariánské Lázně

Městské muzeum Mariánské Lázně se nachází v nejstarší budově v historickém centru Mariánských Lázní. Budova byla postavena v roce 1818 a sloužila jako lázeňský hotel. Muzeum bylo založeno roku 1853 a v renovované budově lázeňského hotelu sídlí od roku 1953.

Návštěvníci zde mohou zhlédnout video v anglickém jazyce, kde je vysvětlen historický kontext a vývoj lázní i Mariánskolázeňského regionu. V jednom z výstavních sálů jsou k vidění portréty významných lázeňských hostů včetně Johanna Wolfganga von Goethea, Antonína Dvořáka a krále Eduarda VII. Exponáty z dob počátků lékařství a lázeňství, sbírka minerálů a modely znázorňující, jak se v dřívějších dobách žilo, jsou všechny opravdu poučné.

Webová stránka muzea, jejíž adresa je https://www.marianskelazne.cz/en/tourist-attractions/town-museum/, obsahuje i fotografie vybraných exponátů.

Svaz Němců - region Chebsko z.s./Bund der Deutschen-Landschaft Egerland

Toto vlastivědné muzeum se nachází v Chebu [německy Eger], zhruba hodinu cesty autem na severozápad od Mariánských Lázní. Mezi exponáty nalezneme nábytek a výzdobu domácností dřívějších rodin českých Němců. Je zde možno zakoupit knihy. Muzeum nabízí i výuku německého jazyka pro rodilé mluvčí češtiny. Svaz organizuje různé slavnosti a pravidelná setkání jedenkrát za měsíc. Vydává také měsíční zpravodaj (newsletter), který je možno odebírat e-mailem a jsou v něm publikovány články o stávající činnosti svazu a jeho akcích. Více informací naleznete na stránkách svazu https://www.egerlaender.cz/wir-ueber-uns.

Joan Naomi Steiner, PhD

Knihy v češtině o vesnicích našich předků a jejich obyvatelích

Zdeněk Buchtele a Richard Švandrlík sepsali knihy o historii mnoha vesnic v Čechách, zejména pak v oblasti Mariánských Lázní a Teplé. Každá kniha začíná starobylou historií vsi a jejího okolí a pokračuje až do roku, kdy byla publikace vydána. Mapy vesnic jsou natolik podrobné, že uvádějí čísla popisná domů a příjmení obyvatel. K dokreslení života ve vesnicích jsou zde i černobílé a barevné fotografie kostela, venkovských stavení a jejich obyvatel.

Vybrané knihy z pera Zdeňka Buchteleho a Richarda Švandrlíka popisují i přímo domovy některých českých Němců identifikovaných v rámci studie, kteří později přesídlili do okresu Calumet County ve státě Wisconsin.

Buchtele, Zdeněk, a Richard Švandrlik. *Krajem kolem Podhory*. Planá u Mariánských Lázni: K-Print, Tiskárna Kňourek, 2009.

> Na území Podhory se nachází několik obcí, které spadají pod farnost Ovesné Kladruby:
>
> Německý místopisný název obce Zádub je Hohendorf. V roce 1882 ze Zádubu emigrovala rodina **Schusserova**.

Německý místopisný název obce *Závišín* je *Abaschin*. Mezi rodinami, které od roku 1855 emigrovaly z obce Závišín, nalezneme tato jména **Broeckel, Denk** a **Reinl**.

Německý místopisný název obce *Milhostov* je *Müllestau*. Mezi rodinami, které od roku 1855 emigrovaly z obce Milhostov, nalezneme tato jména **Huttl, Windirsch** a **Wurtinger**.

Kniha má 216 stran. Kniha je doplněna o několik stran s barevnými fotografiemi.

Buchtele, Zdeněk a Richard Švandrlík. *Mnichov městečko u Mariánských Lázní*. Planá u Mariánských Lázní: K-Print, Tiskárna Kňourek, 2010.

Německý místopisný název obce *Mnichov* je *Einsiedl*, což je název vesnice a zároveň i celé farnosti. Mezi rodinami, které od roku 1853 emigrovaly z obce Mnichov, nalezneme tato jména **Christel, Groeschl, Loeb, Pimpl, Rudrich, Schurwon, Treml, Utschig, Zitterbart** a **Zucker**.

Kniha má 222 stran. Kniha je doplněna o několik stran s barevnými fotografiemi.

Buchtele, Zdeněk a Richard Švandrlík. *Ovesné Kladruby a zaniklé obce Vysočany a Výškovice*. Planá u Mariánských Lázni: Nakladatelství a vydavatelství Kňourek, 2012.

Německý místopisný název obce *Ovesné Kladruby je Habakladrau*, což je název vesnice a zároveň i celé farnosti. Mezi rodinami, které od roku 1855 emigrovaly z obce Ovesné Kladruby, nalezneme tato jména **Degl, Hammer, Hanika, Kogerer, Lodes, Neubauer, Pop, Rosner, Rott, Rummer, Schneider, Schusser, Steidl** a **Turba**.

Jsou zde uvedeny i dvě další obce:

Německý místopisný název obce *Vysočany* je *Wischezahn*. Mezi rodinami, které od roku 1856 emigrovaly z obce Vysočany, nalezneme tato jména **Arbes, Lodes, Schmidt, Steiner** a **Zepnick**.

Německý místopisný název obce *Výškovice* je *Wischkowitz*. Rodiny **Gintnerova, Nadlerova** a **Zepnickova** emigrovaly z obce Výškovice v roce 1856.

Kniha má 182 stran včetně stran s barevnými fotografiemi.

Buchtele, Zdeněk a Richard Švandrlík. *Rájov: Historie a památky*. Planá u Mariánských Lázní: K-Print, Tiskárna Kňourek, 2011.

Německý místopisný název obce *Rájov* je *Royau* což je název vesnice a zároveň i celé farnosti. Mezi rodinami, které od roku 1854 emigrovaly z obce Rájov, nalezneme tato jména **Cardinal, David, Egerer, Fischbach, Fischer, Hammer, Kutzer, Leitner, Lenz, Lodes, Miller, Nadler, Pimpl, Popp, Rahmer/Rahma, Schreck, Schierl** a **Turba**.

Kniha má 120 stran a na přední a zadní straně přebalu jsou barevné fotografie.

Buchtele, Zdeněk a Richard Švandrlík. *Sítiny: Historie a Památky*. Planá u Mariánských Lázní: K-Print, Tiskárna Kňourek, 2011.

Německý místopisný název obce *Sítiny* je *Rauschenbach*. Obec patří pod farnost Mnichov. Mezi rodinami, které od roku 1854 emigrovaly z obce Sítiny, nalezneme tato jména **David, Nadler, Niemochl, Schmidt** a **Wurtinger**.

Kniha má 111 stran a na přední a zadní straně přebalu jsou barevné fotografie.

Buchtele, Zdeněk a Richard Švandrlík. *Historie a památky obcí Vlkovice a Martinov* Planá u Mariánských Lázní: K-Print, *Tiskárna Kňourek, 2012.*

Německý místopisný název obce *Vlkovice* je *Wilkowitz*. Obec patří pod farnost Pístov. Mezi rodinami, které od roku 1855 emigrovaly z obce Vlkovice, nalezneme tato jména **Schicker, Schmidt, Schmiedl** a **Schott**.

Německý místopisný název obce *Martinov* je *Martnau*. Obec patří pod farnost Pístov. Mezi rodinami, které od roku 1856 emigrovaly z obce Martinov, nalezneme tato jména **Hiederer** a **Pfroger**.

Kniha má 108 stran. Kniha je doplněna o několik stran s barevnými fotografiemi.

Místní čeští historikové, muzea a knihy jsou cenným zdrojem poznatků o vesnicích a každodenním životě těch, kteří později odešli do okresu Calumet County ve státě Wisconsin. A stejný význam má i možnost se dozvědět, jak žili příbuzní, kteří tyto vesnice neopustili. Historie západních Čech ihned po druhé světové válce nám může pomoci pochopit, proč v Německu stále existují badatelé pátrající po žijících příbuzných, kteří stále shánějí informace o rodinách svých předků a vesnicích na území současné České republiky, které jejich dávní příbuzní kdysi obývali.

Kapitola 10

Německé zdroje: Výzkumné organizace, sudetská vlastivědná muzea a knihy

Historický kontext

Na konci druhé světové války započčalo vysidlování německy hovořících obyvatel z oblasti v Československu a částí východního Německka, které připadly Polsku, Maďarsku, Jugoslávii a Rumunsku. Počet natrvalo vysídlených lidí z těchto oblastí se odhaduje mezi 12 až 14 miliony.[1] Německy hovořící obyvatelé v oblasti Teplé a Mariánských Lázní nebyli žádnou výjimkou.

---

[1] R.M. Douglas, *Orderly and Humane: The Expulsion of the Germans after the Second World War* (Spořádaný a humánní: Odsun Němců po druhé světové válce; New Haven: Yale University Press, 2012), 1.

Dostali minimum času na to, aby si zabalili malé množství svých osobních věcí, než je naložili do vlaku a vyložili uprostřed trosek třetí říše.[2] Jen z Bečova nad Teplou/Tepl-Petschau bylo vypraveno 14 vlaků, které odvezly tisíce německy hovořících obyvatel. Mnohé z obyvatel vysídlených z tohoto regionu vyložili v Německu u Butzbachu. Všichni tito obyvatelé potřebovali jídlo, pití, střechu nad hlavou a nové místo, které by mohli nazývat domovem.[3]

Dnes se vysídleným Němcům říká sudetští Němci. Jejich životní osudem byla tvrdá práce a těžké životní zkoušky. Sudetští Němci se zorganizovali do asociací a rozhodli se zaznamenat dějiny svých rodin, vesnic a domovů i osobní vzpomínky na svou milovanou domovinu. Sudetští Němci dokázali více, než si kdokoli dokáže představit.

Většina těchto prací je soustředěna ve dvou výzkumných organizacích, které nabízejí zdroje a publikace, které pomohou sudetským Němcům a jejich potomkům, aby poznali svoji domovinu i další vysídlené obyvatele. Práce a badatelské spolky sudetských Němců jsou také zásadní pro americké badatele, jejichž předci odešli ze západních Čech do okresu Calumet County ve Wisconsinu.

---

[2] Douglas, *Orderly and Humane*, 1.
[3] Douglas, *Orderly and Humane*, 1.

Německé výzkumné organizace
a studijní knihovny

Arbeitsgemeinschaft Ostdeutscher Familienforscher e.V., (AGoFF)

AGoFF (Pracovní skupina východoněmeckých rodinných výzkumníků) má po celém světě více než 800 členů. Jejich společným zájmem je historie rodin a místní kroniky historického Německého osídlení ve střední a východní Evropě. AGoFF svým členům nabízí několik publikací a databází. Američané s historickými rodinnými vazbami na střední a východní jednotu jsou zde vítáni a mohou se stát členy AGoFF. Informace o členství jsou k dispozici v anglickém jazyce na webových stránkách této pracovní skupiny https://agoff.de/.

Vereinigung Sudetendeutscher Familienforscher e.V., (VSFF)

VSFF (Sdružení sudetoněmeckých rodinných badatelů) podporuje výzkum rodinné a místní historie i heraldiky vztahující se k historickým oblastem Čech, Moravy a Rakouského Slezska (vévodství Horní a Dolní Slezsko). Toto sdružení má k dispozici zdroje jak v papírové, tak i digitální podobě. Databáze je nápomocná při vyhledávání rodin i umístění domovských obcí našich předků. Američané s historickými rodinnými vazbami na střední a východní Evropu jsou zde vítáni a mohou se stát členy tohoto sdružení. Informace o členství jsou k dispozici na webových stránkách tohoto sdružení https://www.sudetendeutsche-familienforscher.de/.

Haus des Deutschen Ostens (HDO) čili Dům německého východu (HDO)

Úkoly a cíle Domu německého východu jsou uvedeny na jeho stránce https://hdo.bayern.de/ueber/aufgaben/index.php:

> Dům německého východu (HDO) je kulturní, vzdělávací a setkávací zařízení zabývající se tématy bývalých německých států a oblastmi německého osídlení ve východní Evropě. Dům německého východu (HDO) každoročně pořádá celou řadu kulturních a vzdělávacích akcí. Nadto působí dle § 96 německého zákoníku BVFG jako ústřední fond pro financování kulturních akcí ve Svobodném státě Bavorsko. Dům také vlastní největší specializovanou knihovnu v Bavorsku týkající se historie i současnosti německého osídlení ve střední, východní a jihovýchodní Evropě.
>
> Dům německého východu je přímo podřízena Bavorskému ministerstvu, rodiny práce a sociálních věcí.

HDO vydává svůj oborový časopis. Minulá čísla časopisu od roku 2004 jsou k dispozici on-line na webových stránkách Domu německého východu. Adresa a kontaktní informace Domu německého východu jsou následující:

Haus des Deutschen Ostens, Am Lilienberg 5, 81669 München
Tel. 089/ 44 99 93 - 0
Fax 089/ 44 99 93 - 250

Email: poststelle(at)hdo.bayern.de

Bavorský státní archiv

Bavorský státní archiv se nachází v Mnichově. Vládní dokumenty jako například zakládací listiny, složky a mapy si lze zapůjčit do čítárny. Návštěva je možná po předchozí domluvě.

Pro období po roce 1876 badatelům doporučujeme, aby začali studiem dokumentů, které dokládají bydliště osob a jsou uchovávány místními úřady. Pro období před rokem 1876 doporučujeme badatelům, aby začali studiem matrik s knihami křtů, sňatků a úmrtí z církevních archivů.

Velký počet internetových odkazů je přeložen do anglického jazyka. Adresa webových stránek archivu je https://www.gda.bayern.de/die-staatlichen-archive-bayerns/. Dotazy je možno zasílat na následující adresu:

Generální ředitelství Bavorského státního archivu, Schönfeldstr. 5, 80539 München

Email: post officegda.bayern.de

<u>Sudetská vlastivědná muzea v Německu</u>

Sudetští Němci založili vlastivědná muzea, která se povětšinou nachází v Německu, jako pokračování své práce na sdílení vzpomínek na rodiny, domovské vesnice a způsob života tak, jak si jej pamatují oni sami či jejich předkové. Vlastivědná muzea v Německu osvětlují společné historické vazby mezi imigranty okresu Calumet County ve Wisconsinu a sudetskými Němci.

Sudetendeutschen Museum, Bad Neualbenreuth

Sudetoněmecké muzeum pro okres Mariánských Lázní se nachází v Bad Neualbenreuth, jednom z německých lázeňských městeček. Jednou z významných vitrín je pak ta, ve které jsou umístěny modely dvou rekonstruovaných vesnic. Další významná expozice sudetské vlasti se sestává z 60 panelů, kdy na každém z nich jsou uvedeny informace o vesnici z okresu Mariánské Lázně. Na každém panelu jsou u informací o každé z vesnic uvedeny i fotografie, obrazové pohlednice a další historická data.

Vyobrazení na následující stránce zachycuje sbírku výstavních panelů s informacemi o vesnicích:

V jedné z místností je vystavena kuchyně a/nebo obytná místnost vybavená nábytkem, oblečením, ozdobnými předměty a nástroji,

Foto 207: Großer Bilderständer in den Grenzland-Heimatstuben in Neualben-reuth (Velký stojan na obrazy v domácích salonech Grenzland v Neualben-reuthu)[4]

které naši předkové kdysi používali. Další z výstavních místností je věnována církevním sochám a dalším náboženským artefaktům, které by kdysi patřily našim předkům.

---

[4] Oswald Egerer a Karl Wach, Kirchsprengel Habakladrau Mit den Orten Abaschin, Hohendorf, Müllestau, Wischezahn, Wischkowitz im Tepler Hochland. (Mnichov, Německo: První vydání 1993-Nové vydání 2007) 288.

Svatební kroje s čepci zdobenými skleněnými perličkami[5]

Tachauer Heimatmuseum ve Weidenu

Tachovské vlastivědné muzeum je věnováno životům českých Němců, kteří žili v politickém obvodu Tachov před a v průběhu odsunu, ke kterému došlo po druhé světové válce. Tachovsko se nachází jižně hned vedle Mariánskolázeňska. Od března do října 1946 bylo ve dvaceti jedna vlacích odsunuto 25 000 lidí. Více

---

[5] Svatební kroje s čepcem zdobeným skleněnými perličkami Fotografie. Digitální vyobrazení. V soukromém vlastnictví Joan Naomi Steiner, PhD [ADRESA PRO SOUKROMÉ VYUŽITÍ] Neenah, Wisconsin. 2018.

informací o odsunu z Tachovska je k dispozici na https://www.tachau.de/d/museum/vertreibung/.

Muzeum vypráví příběh lidských osudů před druhou světovou válkou a v průběhu odsunu. Oplývá rozsáhlou sbírkou lidových krojů a lidového umění, která dokládá bohatou folklorní kulturu této oblasti. Žena vyobrazená uprostřed na předchozí stránce je nevěsta oděná v černé, jak bývalo tehdy zvykem. Pokrývky hlavy žen té doby byly zdobeny miniaturními skleněnými perličkami, které se v těchto vesnicích vyráběly.

Mähring Museen

Mähring je německé město u českých hranic, které slouží jako hraniční přechod a tržiště mezi těmito dvěma zeměmi. Hraniční přechod byl obzvláště významný v době odsunu po druhé světové válce a v době sametové revoluce v roce 1989. V muzeu, které se nachází v budově staré školy a radnice, je vystavena působivá fotodokumentace znovuotevření hraničního přechodu po sametové revoluci.

Modely „mizejících vesnic" a artefakty z této oblasti ukazují charakter tohoto příhraničního městečka ve dobách minulých. Na následující straně jsou vyobrazeny příklady modelů zemědělských

Model mizející vesnce[6]

staveb a života v mizejících vesnicích. Webová stránka muzea je https://www.maehring.de/museen.

Výstavní prostory Mähring Museen jsou jedním z 12 muzeí, které vystavují sbírky s tematikou života českých Němců a jejich domovských vesnic. Doporučuji virtuální prohlídku všech 12 muzeí na následující webové stránce: https://daszwoelfer.de/de/das-zwoelfer.

---

[6] Mizející vesnice. Fotografie. Digitální vyobrazení. V soukromém vlastnictví by Joan Naomi Steiner, PhD [ADRESA PRO SOUKROMÉ VYUŽITÍ] Neenah, Wisconsin, 2019.

Sudetoněmecké muzeum

Sudetoněmecké muzeum otevřelo v říjnu 2020 v Mnichově. Za poplatek lze objednat prohlídku v anglickém jazyce, kterou je nutno objednat on-line. Z níže uvedené webové stránky pochází i popis činnosti muzea uvedený pod touto webovou adresou https://www.sudetendeutsches-museum.de/:

> Sudetoněmecké muzeum je ústředním muzeem německy hovořícího obyvatelstva českých zemí. Stálá expozice tohoto muzea má za cíl obsáhnout 1100 let historie, umění a kultury, které jsou zastoupeny autentickými artefakty ve sbírkách tohoto muzea a jsou k vidění na výstavní ploše o rozloze 1200 metrů čtverečních.

Sudetoněmecké muzeum se nachází na adrese Hochstraße 10, 81669 München, Deutschland. Muzeum lze kontaktovat e-mailem na info@sudetendeutsches-museum.de.

Sudetoněmecké vlastivědné spolky a jejich newslettery

Dalším cenným zdrojem informací jsou sudetoněmecké vlastivědné spolky a jejich newslettery – tedy možnost pravidelně odebírat novinky z těchto krajanských sdružení. V newsletterech jsou často popisovány domovské vesnice našich předků a jejich život před odsunem. Jsou zde uvedeny i narozeniny žijících členů spolků a adresy, kde bydlí. Zvláštní oznámení o zesnulých členech spolků jsou také součástí těchto zpravodajů. Důraz je kladen také na setkání a slavnostní události pořádané tím kterým vlastivědným spolkem. Tyto spolky nabízejí jak historický pohled, tak i vhled do událostí v současných životech sudetských Němců.

Vlastivědný spolek Landschaft Egerland

Český název této organizace je Svaz Němců - region Chebsko z.s., německý pak Bund der Deutschen - Landschaft Egerland. Kontaktní osobou pro odběr newsletteru je pan Alois Rott, a jeho kontaktní adresa je bgzeger@seznam.cz. Informace stran akcí a setkání naleznete na http://www.egerlaender.cz.

Spolek pro Plan-Weseritz

Německý název tohoto spolku je Heimatkreis Plan-Weseritz e.V. Aktuální kontaktní informace a možnost odběru newsletteru naleznete na https://www.plan-weseritz. de/?Willkommen.

Sudetoněmecký vlastivědný spolek Mariánskolázeňska

Tento spolek sídlí v Mnichově a jeho německý název zní Heimatverbandes der Marienbader Stadt und Land e.V. in der Sudentendeutschen Landsmannschaft, Sitz ub München. Kontaktní informace a jak se stát členy naleznete na plan-weseritz@tonline.de.

Frau Dr. Steiner aus Wisconsin (USA) besuchte den Heimatverband

Zu einem kurzen Besuch beim Heimatverband der Marienbader kam Frau Dr. Steiner im Februar zum Vorsitzenden des Heimatverbandes.

Seit letztem Jahr versucht Frau Dr. Steiner die Geschichte ihrer Vorfahren und weiterer Bewohner aus Wischezahn/Habakladrau zu rekonstruieren.

Für Ihre Nachforschungen und zum Kennenlernen der Landsleute hat Frau Dr. Joan Naomi Steiner bereits letztes Jahr u.a. das Treffen auf dem Heiligenhof und das Pfarrfest in Pistau besucht. Auch dieses Jahr wird sie versuchen, den Kontakt zu pflegen.

Der Heimatverband wird die Arbeiten von Frau Dr. Steiner unterstützen.

Der Vorsitzende des Marienbader Heimatverbandes Franz Pany im Gespräch mit Frau Dr. Steiner aus den USA.

Wer den Heimatbrief liest, ist informiert!

Setkání s Franzem Pany v Mnichově v Německu[7]

---

[7] "Frau Dr. Steiner aus Wisconsin (USA) besuchte den Heimatverband," (Paní Steinerová z Wisconsinu v USA navštívila náš svaz) Heimatverbandes der Marienbader Stadt und Land e.V. (březen 2020): 86.

Předsedou Sudetoněmeckého vlastivědného spolku Mariánskolázeňska byl od roku 1991 do své smrti v roce 2021 Franz Pany. Navštívila jsem jej v jeho mnichovské kanceláři v Německu v roce 2020.

[Setkání s Franzem Pany zařídil Dr. Gert Reiprich a já jsem mu za to velmi vděčná.] Panu Panymu jsem popsala svůj výzkum stran emigrace z oblasti Teplé a Mariánských Lázní do okresu Calumet County ve Wisconsinu po roce 1850. Vylíčila jsem mu také své badatelské cesty na setkání sudetských Němců v Heiligenhofu v Bad Kissingenu v Německu v červnu 2019 a cestu na pouť Pístově do České republiky v srpnu 2019.

Pan Pany o našem setkání v březnu 2020 sepsal článek do vydání spolkového věstníku *Heimatverbandes der Marienbader Stadt und Land e.V.* Uvádí zde, že spolek podporuje výzkum imigrace do okresu Calumet County ve Wisconsinu. Níže je uvedený překlad článku a Panyho sdělení členům spolku. Článek uvádím v překladu Michaela Mautnera:

---

[8] Michael Mautner, překladatel, "Frau Dr. Steiner aus Wisconsin (USA) besuchte den Heimatverband," Heimatverbandes der Marienbader Stadt und Land e.V. (březen 2020): 86.

Dr. Steinerová z Wisconsinu (USA) navštívila náš vlastivědný spolek Heimatverbandes der Marienbader Stadt und Land e.V[8]

V únoru náš spolek Heimatverbandes der Marienbader Stadt und Land e.V. krátce navštívila Dr. Steinerová.

Od loňského roku se Dr. Steinerová snaží rekonstruovat historické osudy svých předků a dalších obyvatel pocházejících z Wischezahn/Habakladrau.

V rámci svého výzkumu i za účelem se seznámit se svými krajany už mimo jiná místa navštívila vloni setkání na Heiligenhof a v Pistau. I v letošním roce se pokusí zůstat s námi v kontaktu.

Náš spolek podpoří práci Dr. Steinerové.

Závěrem lze konstatovat, že se sudetští Němci organizovali do spolků a asociací a své vlasti vystavěli pomníky v podobě vědeckých organizací a muzeí, vlastivědných spolků a prostřednictvím newsletterů. Díky jejich zaujetí pro práci a oddanosti myšlence zachování vzpomínek na svou rodinu a vlast mají současní badatelé k dispozici bohaté zdroje, s jejichž pomocí se mohou věnovat studiu rodin přistěhovalců a vesnic, odkud pocházeli jejich předkové.

Jejich práce také usnadní cestu potomkům přistěhovalců do okresu Calumet County k tomu, aby našli potomky, těch, kteří tehdy v západních Čechách zůstali. Tyto žijící příbuzné dnes nazýváme sudetskými Němci.

Knihy o domovských vesnicích našich předků a

jejich obyvatelích psané v němčině

Egerer, Oswald a Karl Wach. *Kirchsprengel Habakladrau Mit den Orten Abaschin, Hohendorf, Müllestau, Wischezahn, Wischkowitz im Tepler Hochland.* Mnichov, Německo: první vydání 1993-nové vydání 2007.

Církevní farnost Ovesné Kladruby/Habakladrau se sestává z těchto vesnic Ovesné Kladruby/Habakladrau, Závišín/ Abaschin, Zádub/Hohendorf, Milhostov/Müllestau, Vysočany/Wischezahn a Výškovice/Wischkowitz. Kniha obsahuje krátkou historii každé z těchto vesnic. Na každé mapě vesnice jsou uvedena čísla popisná jednotlivých stavení. U každého domu je pak uveden seznam osob zde pobývajících, který sahá v některých případech až k roku 1600 či mírně po tomto datu. Součástí publikace jsou také černobílé fotografie obyvatel, každodenního života a vesnických slavností.

Mezi rodinami, které od roku 1855 emigrovaly z obce Ovesné Kladruby/ Habakladrau, nalezneme tato jména **Degl, Hammer, Hanika, Kogerer, Lodes, Neubauer, Pop, Rosner, Rott, Rummer, Schneider, Schusser, Steidl** a **Turba**.

Mezi rodinami, které od roku 1855 emigrovaly z obce Závišín/Abaschin, nalezneme tato jména **Broeckel, Denk** a **Reinl**.

Rodina **Schusserova** odešla z obce Zádub/Hohendorf v roce 1882.

Mezi rodinami, které od roku 1855 emigrovaly z obce Milhostov/Müllestau, nalezneme tato jména **Huttl, Windirsch** a **Wurtinger**.

Mezi rodinami, které od roku 1856 emigrovaly z obce Vysočany/Wischezahn, nalezneme tato jména **Arbes, Lodes, Schmidt, Steiner** a **Zepnick**.

Rodiny Gintnerova, Nadlerova a Zepnickova emigrovaly z obce Výškovice /Wischkowitz v roce 1856.

Kniha má 297 stran.

———————————————

Editoři Egerer, Oswald, Franz Hüttl a Franz Pany. *Kirchsprengel Pistau im Heimatkreis Marienbad: Geschichte und Chronologische Aufzeichnungen von den Orten: Pistau, Martnau, Hollowing, Untergramling, Kuttnau, Wilkowitz.* Bad Homburg v.d.H. und Mnichov, Německo: Heimatverband der Marienbader-Stadt und Land e.V. mit Sitz a Geschäftsstelle, circa 1990.

Církevní farnosti Pístov/Pistau se sestává z těchto vesnic Pístov/Pistau, Martinov/Martnau, Holubín/Hollowing, Dolní Kramolín/Untergramling, Skláře/Kuttnau, a Vlkovice/Wilkowitz. Kniha obsahuje krátkou historii každé z těchto vesnic. Na každé mapě vesnice jsou uvedena čísla popisná jednotlivých stavení. U každého domu je pak uveden seznam osob zde pobývajících, který sahá v některých případech až k roku 1600 či mírně po tomto datu. Součástí publikace jsou také černobílé fotografie obyvatel, každodenního života a vesnických slavností.

Mezi rodinami, které od roku 1856 emigrovaly z obce Martinov/Martnau, nalezneme tato jména **Hiederer** a **Pfroger**.

Mezi rodinami, které od roku 1855 emigrovaly z obce Vlkovice/Wilkowitz, nalezneme tato jména **Schicker, Schmidt, Schmiedl** a **Schott**.

Kniha má 302 stran.

Familienbuchs [rodinné, respektive domácí knihy] poskytují badatelům zásadní informace. Vedení a uchovávání domácích knih měli na starosti farní kněží. Vláda nenařídila sběr těchto knih, jelikož je považovala za sekundární zdroje informací, nikoli za tolik zásadní jako oficiální církevní matriky, které uchovávali kněží. Nicméně některé z těchto rodinných knih zůstaly zachovány a jsou důležitými záznamy zejména z pohledu emigrace. Kniha podrobně uvádí, kdo žil ve kterém domě už od roku 1600 a pokračuje až do odsunu v roce 1945.

V knihách nalezneme informace o dědění nemovitosti, sňatcích v rodině, přičemž jsou zde uvedena jména manželů, názvy vesnic, kde byli pokřtěni a čísla popisná domů, ze kterých pocházeli, narození dětí a data úmrtí. Kněží také zaznamenávali, kdo odešel do Ameriky. Níže jsou uvedeny některé domovní knihy, které se zachovaly do dnešních dní:

Familienbuch Habakladrau Svazek 1 Habakladrau, Wischezahn, Wischkowitz (Habakladrau, Cheb, Karlovarský kraj, Česká republika). Soupis rodin dle místa pobytu, cca od roku 1600 do 40. let 20. století. Státní okresní archiv Cheb, Cheb, Karlovarský kraj, Česká republika

Mezi rodinami, které od roku 1855 emigrovaly z obce Ovesné Kladruby/Habakladrau, nalezneme tato jména **Degl, Hammer, Hanika, Kogerer, Lodes, Neubauer, Pop, Rosner, Rott, Rummer, Schneider, Schusser, Steidl** a **Turba**.

Mezi rodinami, které od roku 1856 emigrovaly z obce Vysočany/Wischezahn, nalezneme tato jména **Arbes, Lodes, Schmidt, Steiner** a **Zepnick**.

Rodiny **Gintnerova, Nadlerova** a **Zepnickova** emigrovaly z obce Výškovice/Wischkowitz v roce 1856.
Kniha má 282 stran.

———————————

Familienbuch Habakladrau Svazek 2 Abaschin, Hohendorf a Müllestau (Cheb, Karlovarský kraj, Česká republika). Soupis rodin dle místa pobytu, cca od roku 1600 do 40. let 20. století. Státní okresní archiv Cheb, Cheb, Karlovarský kraj, Česká republika.

Mezi rodinami, které od roku 1855 emigrovaly z obce Závišín/Abaschin, nalezneme tato jména **Broeckel, Denk** a **Reinl**.

Rodina **Schusserova** odešla z obce Zádub/Hohendorf v roce 1882.

Mezi rodinami, které od roku 1855 emigrovaly z obce Milhostov/Müllestau, nalezneme tato jména **Huttl, Windirsch** a **Wurtinger**.
Kniha má 334 stran.

———————————

Familienbuch Einsiedl (Einsiedl/Mnichov, Cheb, Karlovarský kraj, Česká republika). Soupis rodin dle místa pobytu 1700-1945. Státní okresní archiv Cheb, Cheb, Karlovarský kraj, Česká republika.

Mezi rodinami, které od roku 1853 emigrovaly z obce Mnichov/Einsiedl, nalezneme tato jména **Christl, Groeschl, Loeb, Pimpl, Rudrich, Schurwon, Treml, Utschig, Zitterbart** a **Zucker**.

Kniha má přibližně 235 stran.

Familienbuch *Einsiedl des Dorfes Rauschenbach, Kschiha, Pfaffengrun, Passlas*, (Cheb, Karlovarský kraj, Česká republika). Soupis rodin dle místa pobytu 1700-1945. Státní okresní archiv Cheb, Cheb, Karlovarský kraj, Česká republika.

Mezi rodinami, které od roku 1854 emigrovaly z obce Sítiny/Rauschenbach, nalezneme tato jména **David, Nadler, Niemochl, Schmidt** a **Wurtinger**.

Mezi rodinami, které od roku 1855 emigrovaly z obce Číhaná/Kschiha, nalezneme tato jména **David, Egerer, Hammer, Leitner, Lenz, Neubauer, Pichl** a **Schmidt.**

Rodina Kornova odešla z obce Popovice/Pfaffengrün v roce 1906.

Kniha má přibližně 155 stran.

Familienbuch *Pistau des Dorfes Martnau, Hollowing, Untergramling, Kuttnau, Wilkowitz*, (Pistau/Pístov, Cheb, Karlovarský kraj, Česká republika). Soupis rodin dle místa pobytu 1700-1945. Farní záznamy. Uchovávány v Mnichově v Německu.

Mezi rodinami, které od roku 1856 emigrovaly z obce Martinov/Martnau, nalezneme tato jména **Hiederer** a **Pfroger**.

Mezi rodinami, které od roku 1855 emigrovaly z obce Vlkovice/Wilkowitz, nalezneme tato jména **Schicker, Schmidt, Schmiedl** a **Schott**.

Kniha má přibližně 304 stran.

Familienbuch des Dorfes Royau (Royau/Rájov, Cheb, Karlovarský kraj, Česká republika). Soupis rodin dle místa pobytu 1700-1945. Farní záznamy. Uchovávány v Mnichově v Německu.

Mezi rodinami, které od roku 1854 emigrovaly z obce Rájov/Royau, nalezneme tato jména **Cardinal, David, Egerer, Fischbach, Fischer, Hammer, Kutzer, Leitner, Lenz, Lodes, Miller, Nadler, Pimpl, Popp, Rahmer/Rahma, Schreck, Schierl** a **Turba.**

Kniha má přibližně 225 stran.

———————————————

Giegold, Heinrich. *Tschechen und Deutsche Die Geschichte einer Nachbarschaft*. Hof, Německo: Frankenpost Verlag GmbH, 1993.

Češi a Němci, příběh sousedství vypráví o historii území, která jsou společná Čechům a Němcům. Kniha se sestává z novinových článků, které dříve vyšly v nakladatelství Frankenpost-Verlag. Toto nakladatelství věnovalo knihy darem do škol, státních knihoven a dalších státních a místních zařízení v regionu. Několik sudetských Němců, se kterými jsem se setkala, mi doporučilo si tyto příběhy přečíst.

Kniha má 88 stran.

Heinrich, Josef, editor. *Heimat-Chronik Müllestau*. Bad Windsheim, Německo: vytištěno nákladem Josefa Heinricha, 1983.

Kronika Müllestau (vsi Milhostov) obsahuje popisy, fotografie, dokumentační materiály a dobová vyobrazení vesnice. Ze sčítání obyvatel z roku 1654 je zde uveden soupis vlastníků půdy v této obci. V knize je popsáno i několik posledních německých obyvatel spolu s fotografiemi i životními reflexemi.

Mezi rodinami, které od roku 1855 emigrovaly z obce Milhostov/Müllestau nalezneme tato jména **Hüttl**, **Windrisch** a **Wurtinger**.

Kniha má 30 stran.

Editoři May, Josef Dr., Dr. Gert Reiprich, Inge Hubl, Rudolf Schweinitzer, Josef Eckert a Ernst Höhne. *Heimatbuch Marienbad Stadt und Land Band I*. Mnichov, Německo: Heimatverband der Marienbader Stadt und Land e.V., 1977.

Pro bádání na Mariánskolázeňsku má tato kniha zásadní význam. První svazek se zabývá světově proslulým léčebným resortem v Mariánských Lázních a také skupinami obyvatel, které Mariánskolázeňsko obývaly. Součástí knihy je i rozsáhlá historie lázeňského resortu s rozličnými hotely a kavárnami. Informace o půdě, listoví a dalších oblastech zájmu v Mariánských Lázních a okolí jsou rozebrány dopodrobna. Součástí knihy jsou i mapy s uvedením čísel popisných jednotlivých stavení a životopisy dřívějších obyvatel Mariánských Lázní a přilehlých oblastí.

Kniha má 696 stran.

Editoři May, Josef Dr., Dr. Gert Reiprich, Inge Hubl, Rudolf Schweinitzer a Ernst Höhne. *Heimatbuch Marienbad Stadt und Land Band II.*, Mnichov, Německo: Heimatverband der Marienbader Stadt und Land e.V., 1977.

Svazek II se zabývá více než 50 obcemi na Mariánskolázeňsku. U každé z obcí je krátce vylíčena její historie a vyobrazena mapa stavení s čísly popisnými u jednotlivých domů. U každého čísla popisného je pak uveden seznam osob zde žijících až do doby těsně před odsunem v roce 1945. U většiny vesnic je také uveden seznam veteránů z první a druhé světové války. Součástí publikace jsou i černobílé fotografie domů a jejich obyvatel.

Kniha má 1215 stran.

Editoři Pany, Franz a Josef Lecher. *Abaschin: Ein Gedenkbuch über einen Ort im Kreis Marienbad.* Mnichov, Německo: Heimatverband der Marienbader Stadt und Land e.V., 1986.

Tato kniha se zabývá obcí Závišín/Abaschin, která se nachází v bývalém okrese Mariánské Lázně. Je zde v krátkosti vylíčena historie obce spolu s mapou, na níž jsou označena čísla popisná jednotlivých stavení. U každého domu je pak uveden seznam osob zde pobývajících, který sahá v některých případech až k roku 1650. Součástí publikace jsou také černobílé fotografie obyvatel, každodenního života a vesnických slavností.

Mezi rodinami, které od roku 1855 emigrovaly z obce Závišín/Abaschin, nalezneme tato jména **Broeckel, Denk** a **Reinl**.

Kniha má 80 stran.

Editoři Pany, Franz a Dr. Gert Reiprich. *Auschowitz Chronik des Ortes und Kirchsprengels 1273-1945 mit den Orten Flaschen-hüette, Hammerhäuseln Hochofenhäuseln und Stanowitz.* Mnichov, Německo: Heimatverband der Marienbader Stadt und Land e.V., 1989.

Tato kniha je věnována obcím Úšovice/Auschowitz, Skláře/Flaschenhüette, Hamrníky/Hammerhäuseln, Vysoká Pec/Hochofenhäuseln a Stanovice/Stanowitz. U každé vesnice je uvedena rozsáhlá historie dané obce a mapa s čísly popisnými jednotlivých stavení. U každého domu je pak uveden seznam osob zde pobývajících, který sahá v některých případech až k roku 1600 či 1650. Součástí publikace jsou také černobílé fotografie obyvatel, každodenního života a vesnických slavností.

Mezi rodinami, které od roku 1868 emigrovaly z obce Úšovice/Auschowitz, nalezneme tato jména **Eisen, Müller** a **Ries**.

Kniha má 106 stran.

Editoři Pany, Franz a Dr. Gert Reiprich. *Royau Geschichte eines Pfarrodorfes im Kreis Marienbad.* Mnichov, Německo: Heimatverband der Marienbader Stadt und Land e.V., 1988.

Historie obce Rájov/Royau, která vypráví i o dějinách místní farnosti a obsahuje černobílé fotografie kostela svatého Petra a Pavla. Vyobrazení válečných památníků pak poskytuje seznam veteránů z první a druhé světové války. Mapa obce Rájov/Royau z roku 1938, kde jsou vedena i čísla popisná, obsahuje soupis rodin, které v obci v tom roce žily. Každý zemřelý je pak zapsán dle data úmrtí a jsou zde uvedena i vystěhování po odsunu. Tento seznam je velmi nápomocný při vyhledávání adres žijících příbuzných a jejich potomků. Kniha je ve vlastnictví sudetoněmeckého muzea Sudetendeutschen Museum Neualbenreuth v obci Bad Neualbenreuth v Německu.

Mezi rodinami, které od roku 1854 emigrovaly z obce Rájov/Royau, nalezneme tato jména **Cardinal**, **David**, **Egerer**, **Fischbach**, **Fischer**, **Hammer**, **Kutzer**, **Leitner**, **Lenz**, **Lodes**, **Miller**, **Nadler**, **Pimpl**, **Popp**, **Rahmer/Rahma**, **Schreck**, **Schierl** a **Turba**.

Kniha má 59 stran.

Editor Reiprich, Dr. Gert. *Sudetendeutsche Familienforschung 1973-1974*. Norimberk, Německo: Noris Druck GmbH, 1974.

Ročenka německého genealogického výzkumu rodin je sbírka kronik rodin, které mají kořeny v Sudetech. Kroniky rodin sepsali badatelé, kteří nabízejí odborný vhled do rodových linií a historie obcí.

Kniha má 99 stran.

Editor Reiprich, Dr. Gert. *Sudetendeutsche Familienforschung Jubiläumsband 1981*. Norimberk, Německo: Vereinigung sudetendeutscher Familienforscher (VSFF), 1981.

Bádání po rodinných kořenech sudetských Němců je sbírka kronik rodin, které mají kořeny v Sudetech. Kroniky rodin sepsali badatelé, kteří nabízejí odborný vhled do rodových linií a historie obcí. Vydavatelem je svaz sudetoněmeckých rodinných badatelů Vereinigung sudetendeutscher Familienforscher (VSFF), který je blíže představen v oddíle Německé výzkumné organizace a studijní knihovny této kapitoly.

Kniha má 368 stran.

Editoři Schmutzer, Josef a Otto Zerlik. *Das Tepler Land.* Geisenfeld (Hallertau): Heimatkreis Tepl-Petschau in der Sudetendeutschen Landsmannschaft, 1967.

Tato kniha zásadním způsobem dokumentuje domácí okruh Teplá-Bečov nad Teplou/Tepl-Petschau v sudetském lázeňském trojúhelníku. Klášter Teplá, ves Teplá a Mariánské Lázně jsou zde ilustrovány na historických pohlednicích. Na straně 389 je seznam 14 vlaků, které byly vypraveny za účelem odsunu německy hovořícího obyvatelstva, a data odjezdů těchto vlaků. V kapitole VII jsou pak na více než 300 stranách vypsány vesnice spadající pod bývalý okres Teplá. U každé vesnice je uveden rozsáhly historický exkurz a také mapa s čísly popisnými jednotlivých obydlí. Pod každým číslem popisným je pak uveden seznam osob zde bydlících až do doby těsně před odsunem. U většiny vesnic jsou uvedena i jména veteránů z první a druhé světové války. Kniha je doplněna o černobílé fotografie domů, jejich obyvatel a dalších historických budov.

Kniha má 856 stran.

Nově objevené zdroje týkající se farností

Rájov/Royau a Louka/Grün v německém jazyce

Farnost Louka/Grün není zahrnuta do pěti farností zkoumaných v rámci studie. Nicméně zde uvádím i následující zdroje týkající se této farnosti spolu s dalšími relevantními zdroji, které jsou uchovávány v Mnichově v Německu. V některých případech tyto zdroje poskytují dodatečné informace k rodinám pocházejícím z Rájova/Royau a Mnichova/Einsedl.

Examen sponsorum (ve skutečnosti 1745) 1786

Český překlad názvu zní Zkoušky snoubenců (ve skutečnosti 1745) 1786. Kniha obsahuje protokoly o zkouškách nevěst prováděných farářem ve farnosti Louka/Grün nedaleko Bečova/Petschau (1745) 1786-1839.

Kniha má přibližně 127 stran.

Examen sponsorum Localie Royau ab anno 1839

Český překlad názvu zní Zkoušky snoubenců Rájov/Royau Locale od roku 1839. Kniha obsahuje protokoly o zkouškách nevěst prováděných farářem od roku 1839 do roku 1876.

Kniha má přibližně 86 stran.

Firmungsbuch der Lokalie Royau vom Jahre 1840 (1892, 1905)

Český překlad názvu zní Kniha biřmovaných Rájov/Royau Locale od roku 1840 (1892, 1905). Kniha obsahuje seznam osob, které byly biřmovány od roku 1840 do roku 1943 a jsou zde uvedena i jména rodičů a kmotrů biřmovaných.

Kniha má přibližně 98 stran.

Ordo Divinorum Localiae Royaviensis ab anno 1839

Český překlad názvu zní Boží řád na místech Rájově/ Royau od roku 1839. Kniha obsahuje kalendářní soupis bohoslužeb na poutích o svátcích jednotlivých světců od roku 1839 do roku 1869.

Kniha má přibližně 130 stran.

Militär Matrik Geistl. Vereinsbuch der (Lokalie) Pfarrei Royau vom Jahre 1840

Český překlad názvu zní Vojenská matrika, Kniha ducho-vního klubu míst ve farnosti Rájov/Royau od roku 1840. Tato kniha obsahuje seznam členů Duchovních spolků a bratrství ve farnosti Rájov/Royau (1840) 1904. K dalším spolkům pak patří Křesťanský spolek českých Němců, Ška-pulířové bratrstvo, Růžencový spolek a Armáda svatého kříže.

Kniha má přibližně 29 stran.

Provisionsbuch der Pfarrei Royau ab anno eccl. 1898

Český překlad názvu zní Kniha odměn farnosti Rájov/ Royau od roku 1898. Kniha obsahuje seznam nemocných, jimž farní kněz z Rájova poskytl svátosti a služby v letech 1898 až 1941.

Kniha má přibližně 21 stran.

Sammlung der Stiftsbriefe bey der Localie-Kirche der heiligen Johannes und Paulus zu Royau

Český překlad názvu zní Sbírka nadačních listin místního kostela zasvěceného svatému Janu a Pavlovi v obci Rájov/ Royau. Kniha je zápisem hromadných darů na kostel v obci Rájov/Royau od roku 1828 a sepsal ji v roce 1919 pastor Stillip o. Praem.

Kniha má přibližně 106 stran.

Verkündigungsbuch der Pfarrei Grün 1861

Název lze přeložit jako Kniha proklamací farnosti obce Louka/Grün 1861. Publikace obsahuje nedělní deník pastora obce Grün nedaleko obce Bečova nad Teplou/Peschau od roku 1861 do roku 1867.

Kniha má přibližně 195 stran.

Poděkování

Děkuji Dr. Gertu Reiprichovi, který mi ukázal cenné tištěné zdroje, které vydaly asociace sudetských Němců. Dr. Reiprich byl také natolik velkorysý, že mi zapůjčil knihy ze své soukromé sbírky. Bez jeho vedení by nebylo možno toto dílo dokončit.

Děkuji své sestřenici Rogene Steinerové Kaisové bývalé předsedkyni Genealogické společnosti okresu Milwaukee (the Milwaukee County Genealogical Society), že mne představila Susan Chapmanové, která předsedá českému výzkumu. Susanina pečlivost při práci s databází imigrantů do Spojených států amerických a svědomité vyhledávání zdrojových údajů je zárukou přesnosti výzkumu. Za jakékoli chyby zde uvedené nesu odpovědnost já. Susan vděčím za mnohé hodiny strávené inspirativními rozhovory, obzvláště pak v náročném období pandemie viru COVID-19.

V hloubi duše cítím vděk vůči všem mým předchůdcům, kteří se zabývali historií míst i rodin v okrese Calumet County. Je naprosto ohromující, jak zvládli svoji práci úspěšně završit, aniž by měli k dispozici počítače či internet! Zejména pak chci poděkovat Jeffu Wettsteinovi, který mi dal k dispozici dílo své babičky Ottily Meyerové Wettsteinové, která byla autorkou a spoluautorkou desítek rodinných kronik obyvatel okresu Calumet County. S vděčností se opírám o její široké rámě.

Děkuji Dr. Jacku Shafferovi za jeho úsilí ve výzkumu jmen Steiner a Denk v západních Čechách v rámci studie One-Name Studies. (jednojmenné studie). Neúnavně se věnoval výzkumu rodiny Denkovy i Steinerovy, čímž velkou měrou přispěl k rozšíření online databáze českých Němců.

Děkuji paní starostce Aurelii Skřivanové, která mne provedla domovskou farností mých předků v Ovesných Kladrubech/Habakladrau v České republice. Vynikající vedoucí schopnosti paní starostky Skřivanové dokládají mnohá vylepšení, která dokázala v Ovesných Kladrubech zavést. Paní starostka Skřivanová vede svým příkladem a je pro mne velkou inspirací.

Jsem zavázána i nedávno zesnulému místnímu historikovi a autorovi historických knih Zdeňku Buchtelemu. Jeho práce jsou neutuchajícím zdrojem informací o domovských obcích mých předků a pomáhají mi hlouběji pochopit, čím procházely v době, kdy tam mí předkové žili i v současné historii regionu v okolí Teplé a Mariánských Lázní. Panu Buchtelemu také vděčím za to, že mne představil Ing. Dušanu Benčovi z Teplé, kterému děkuji za hodiny času, které mi věnoval, když mne autem brával na místa, kde se nacházely mizející domovské vesnice mých předků. Jsem mu vděčná za ochotu, s jakou se mnou prostřednictvím e-mailové korespondence sdílel vlastní vědomosti a lásku ke kraji v okolí Teplé. Petr Souček z Prahy se mnou také velkoryse sdílel zdroje, které mi pomohly při ověřování výzkumných poznatků.

Děkuji Velvyslanectví USA v Praze, že v letech 2020, 2021 a 2022 uspořádalo výstavy tohoto výzkumu přílivu přistěhovalců do USA. Výstavy poukázaly na to, co mají Spojené státy americké a zejména pak Wisconsin, Německo a Česká republika společného. Zvláštní poděkování pak patří ing. Jaroslavu Vítkovi za koordinaci veškerého úsilí stran uspořádání těchto výstav.

Jsem vděčná Miku Dauplaisovi, prezidentovi společnosti M&B Global Solutions Inc., za jeho odbornost v oblasti grafické úpravy a vydávání knižních publikací. Zvláštní poděkování pak patří Deb Andersonové ředitelce Archivů a výzkumného centra při vysoké škole University of Wisconsin-Green Bay (Director of Archives and Area Research Center at the University of Wisconsin-Green Bay) za to, že mi Mikea Dauplaise doporučila. Děkuji Jeffu Ashovi za neúnavné korigování rukopisu. Jsem také vděčná paní Andree Schmid, první předsedkyni Spolku přátel Kláštera Teplá (Verein der Freunde des Stifts Teplá) a členům tohoto spolku za jejich neutuchající přízeň a podporu.

Děkuji všem, které jsem při práci na tomto projektu potkala a stali se z nás přátelé či kolegové, v Německu i v České republice. O některých sudetských Němcích již nyní vím, že jsou dle zjištěných dokumentů moji bratranci a sestřenice. Děkuji jim za knižní dary, které posloužily jako základ této publikace. Jejich osobní příběhy navždy uchovám ve svém srdci. Nakolik jsem vděčná za jejich přátelství nelze slovy vyjádřit.

O autorce

Joan Naomi Steiner, PhD

Joan Naomi Steiner, PhD, se narodila a vyrůstala na farmě svého dědečka v okrese Calumet County ve státě Wisconsin. Vystudovala Chilton High School. Doktorát získala na New York University a magisterský titul Master of Science v oboru výuky anglického jazyka (Teaching English) i bakalářský titul Bachelor of Science získala na University of Wisconsin-Stevens Point.

Profesní dráha Dr. Steinerové směřovala ke kantorskému povolání, 25 let vyučovala středoškolské studenty a 17 let se věnovala správě školských okrsků. Vyučovala též na univerzitě a pracovala jako poradkyně pro více než čtyřicet školských okrsků ve Wisconsinu.

Při pátrání po kořenech rodiny Steinerových z otcovy strany odhalila příliv emigrantů z okolí kláštera v Teplé v západních Čechách do okresu Calumet County ve Wisconsinu, který započal okolo roku v 50. letech 19. století. V rámci svého bádání podnikla pět výzkumných cest do České republiky a šest do Německa.

Webová stránka Dr. Steinerové slouží zároveň jako databáze poznatků a zdroj vzácných a cenných materiálů jak z Německa, tak i z České republiky. Naleznete ji na: https://germanbohemianwisconsin.com/.